MÁS ALLÁ DEL EGOÍSMO

Comentario a la *Rueda de las Armas Afiladas de Dharmarakshita*

Según enseñanzas orales de
Gueshe Tamding Gyatso

Traducidas del tibetano por
Tenzin Wangdak

Recopiladas, adaptadas y traducidas al castellano por
Isidro Gordi

Ediciones Amara. Ciutadella de Menorca

Ediciones Amara. Ciutadella de Menorca

Publicado por vez primera en 1992
por Ediciones Amara

1992 y 2008 © Por Isidro Gordi y Ediciones Amara

Traducción y adaptación:
© 1992 y 2008 Isidro Gordi y Marta Moll

Diseño de la portada: © Federica Mahieu

ISBN de la obra: 978-84-95094-33-9
Depósito Legal: B.3.195-2009
Romargraf, S.A.
L'Hospitalet de Llobregat

Contenido

Lista de Ilustraciones

Prefacio

De Su Santidad el décimo cuarto Dalai Lama.

THE DALAI LAMA

THEKCHEN CHOELING
McLEOD GANJ 176219
KANGRA DISTRICT
HIMACHAL PRADESH

Es excelente para los españoles interesados en el Budismo que se publiquen las enseñanzas impartidas por Gueshe Tamding Gyatso. Este libro proporcionará a mucha gente la oportunidad de saborear el néctar de la doctrina budista. Deseo a todos lo mejor y elevo mis plegarias para que alcancéis la felicidad temporal y última.

Nota del Traductor

El legado que Buda Sakyamuni nos dejó lo encontramos en los dos grupos de enseñanzas conocidas como Hinayana y Mahayana. La esencia del Hinayana podría resumirse en *evitar perjudicar a los demás* y ver la naturaleza insatisfactoria de nuestra situación personal en la existencia cíclica. El practicante de este nivel encuentra su máxima expresión en el logro personal del Nirvana –un estado más allá de todo sufrimiento–.

El corazón del sendero Mahayana es la gran compasión, requisito imprescindible para lograr la bodhichita –actitud mental altruista que desea la Iluminación como medio para ayudar a los demás–. Para desarrollar este estado necesitamos una serie de técnicas por las que hemos de ascender, como si de una escalera se tratase, peldaño a peldaño. Aunque todas estas técnicas podrían sintetizarse en una: *tomar* el sufrimiento de los demás, movidos por la compasión y *darles* toda la felicidad, movidos por el amor.

En todos los textos de *Lo Yong* –adiestramiento mental– se dan detalladas instrucciones de cómo generar mentes tan preciosas como la compasión y el amor. *La Rueda de las Armas Afiladas,* del gran yogui Indio Dharmarakshita, es uno de ellos. Está especialmente ideado para hacemos ver la necesidad de tener en cuenta hechos tan transcendentes como la ley del *karma* –causa y efecto–, las desventajas del egoísmo y, sobre todo, nos enseña a transformar las circunstancias adversas y a trascender el malestar que producen. Por tanto, un conocimiento, aunque sea general, del *karma* y de la técnica de *tomar y dar* sería fundamental para extraer la profundidad de este comentario del texto original que tan bellamente delinea su autor Gueshe Tamding.

La base del Dharma –Hinayana y Mahayana– es vivir de acuerdo con la ley del *karma*. A modo resumido, significa que todo lo que hacemos, decimos o pensamos *ahora* modela lo que seremos en el futuro. Todo lo que nos sucede, nuestros estados mentales, felicidad, insatisfacción, tiene dos causas: una sustancial y otra circunstancial. La primera se refiere a las causas que nosotros mismos hemos creado, la segunda, a las circunstancias externas, personas, medio ambiente, etc. Vivir de acuerdo con el *karma* nos ayuda a ser responsables de nuestra propia vida y a dejar de culpar a los demás de nuestras desgracias.

Todo *karma,* o acción creada, ha sido motivada por una actitud mental. Emociones aflictivas como el odio, apego, envidia y un largo etcétera hacen que las acciones tengan consecuencias negativas. El budismo identifica como raíz de todos estos engaños dos aspectos específicos de nuestra propia mente: el aferramiento a lo autoexistente y el egoísmo. El primero es una visión equivocada de nuestro sentido del "yo" confiriéndole una existencia inherente de la carece. El egoísmo –también traducido como autoestima– consiste en amar sobre todas las cosas, esta imagen falsa creada por nosotros mismos.

La Rueda de las Armas Afiladas desenmascara a estos dos enemigos y nos proporciona métodos para eliminarlos. La sabiduría que comprende la vacuidad o naturaleza última de los fenómenos destruye el aferramiento a lo autoexistente. La práctica de *tomar y dar,* junto con la bodhichita nos lleva *más allá del egoísmo.* Estos dos aspectos, que en el budismo se conocen como método y sabiduría, no son nada fáciles pero resultan esenciales para quien aspira a conseguir la Iluminación.

Dado nuestro estado de desarrollo actual, sería imposible aplicar literalmente la técnica de *tomar* el sufrimiento y *dar* felicidad. Sin embargo, lo que si conseguimos es mejorar nuestro sentimiento de compasión y amor puros, lo cual quema toda la insatisfacción con que tengamos que enfrentamos. Lo que en realidad hacemos es poner la base para poder ayudar a los demás en un futuro. Es así porque la compasión y el amor aceleran nuestro despertar de la bodhichita que, a su vez, nos conduce a la Iluminación, estado en el que *sí* somos capaces de ayudar a los demás.

Más allá del egoísmo nos proporciona el elixir alquimista con el que transformar el sufrimiento en felicidad. En épocas difíciles como las que nos toca vivir esta habilidad es esencial, tanto para los budistas como para los que no lo son. Todos nos encontramos diariamente con problemas y circunstancias adversas que llenan nuestra mente de ansiedad y frustración. Saber cómo transformarlas debería ser una asignatura obligatoria para todo aquel que desea mejorar su calidad de vida.

Aunque tengamos dudas acerca de la relación entre algunas de las situaciones que se describen en el texto y la causa de nuestro sufrimiento actual comprobaremos que muchos de los consejos que se dan a lo largo del mismo, describen actitudes que no nos son ajenas. Ojalá este trabajo sirva para que todos los seres puedan aplicar los consejos que en él se exponen y llevar a la práctica la famosa estrofa de la *Guía a la forma de vida de un Bodhisattva.*

Si tus problemas tienen solución
¿por qué te preocupas?
Y, si no la tienen
¿Por qué sigues preocupado?

Reconocimientos

A Marta Moll, responsable de la composición final del texto, cuya labor ha sido fundamental. A Rosa Márquez por sus consejos. A José Luis Llorens y a Miquel Barber por ayudar en la corrección. Por último agradecer la inestimable presencia del autor, el Ven Gueshe Tamding, espejo de las enseñanzas y fuente de inspiración para todos sus estudiantes.

Isidro Gordi
Son Gall, Ciutadella Menorca
1 de enero de 1992

MÁS ALLÁ DEL EGOÍSMO

Comentario a la Rueda
de las Armas Afiladas
de Dharmarakshita

Atisha

Introducción al Dharma en General

El mensaje de las preciosas enseñanzas de *adiestramiento mental* es la transformación del pensamiento, cambiar nuestra mente egoísta por una mente preocupada por la felicidad de los demás. Todos los seres desean experimentar felicidad y apartarse del sufrimiento. Los humanos conocemos dos tipos de felicidad, física y mental, y es fácil comprender que, la segunda es mucho más importante que la primera. La mente, como un rey, domina el cuerpo y la palabra como a sus sirvientes. Desde tiempo sin principio nuestra mente viene siendo responsable de que seamos felices o desdichados. La persona que se siente mentalmente feliz, es capaz de afrontar cualquier dificultad sin deprimirse y, al contrario, aquella que sea desgraciada seguirá siéndolo aún viviendo rodeado de riquezas.

Es fundamental adiestrar nuestra mente porque si la permitimos comportarse de acuerdo a sus instintos, no conseguiremos ser felices. Pero es necesario darse cuenta de que es un proceso gradual. Cambiar de repente es imposible, pues nuestra mente ha estado siempre familiarizada con sus propios engaños. Aunque todos reconocemos la necesidad de adiestrar la mente, es muy difícil plantear una forma concreta de hacerlo ya que tenemos tendencias y capacidades distintas.

Buda Sakyamuni dejó constancia en sus enseñanzas de que comprendió esta diversidad. Él fue un ser ordinario como cualquiera de nosotros que gracias a su esfuerzo llegó a la Iluminación. Éste debería ser nuestro objetivo: alcanzar un estado en el que se han eliminado todos los engaños y sólo quedan cualidades en la mente. Ahora gozamos de una gran oportunidad para conseguirlo ya que tenemos una base humana libre de obstáculos y dotada de ciertas características que la hacen especial.

Tener ahora la oportunidad de practicar un método que nos ayude en las vidas futuras, es el fruto de haber realizado prácticas virtuosas en vidas anteriores. Es cierto que existen muchos seres humanos pero, si nos preguntamos cuántos de ellos se esfuerzan por transformar su mente, veremos que son muy pocos. Deberíamos sentirnos afortunados por haber encontrado las enseñanzas del Buda y por ser capaces de propiciar esta transformación, Pero, ¿qué es lo que debe motivarnos a practicar? El deseo innato en cada uno de nosotros de experimentar felicidad y evitar el sufrimiento.

Posponer la práctica es absurdo porque la muerte puede sorprendernos en cualquier momento y, si morirnos sin haber acumulado virtud, nuestra muerte sólo se diferenciará de la de un perro en que quizá moriremos en una cama limpia y el animal en el suelo sucio.

Un rey y un mendigo son muy distintos durante su vida, pero, en el momento de su muerte, estas diferencias se desvanecen y ambos son arrastrados por su karma hacia su vida futura.

Los animales no pueden hacer distinción entre el bien y el mal, sólo les queda esperar que, en el momento de su muerte, madure alguna semilla positiva que les propulse hacia un renacimiento superior. Pero los humanos podemos escoger y sería una gran pérdida desperdiciar esta ocasión. Nuestro problema es el aferramiento a la permanencia, a pensar irracionalmente que somos eternos, que no moriremos ni hoy ni mañana. No somos conscientes de que nuestra vida fluye sin cesar, como las aguas en un río que nunca vuelven atrás. Desconocemos cuánto durará nuestra vida, accidentes, desastres naturales y enfermedades, pueden acabar con ella en cualquier momento. Las circunstancias que propician la muerte son muchas más que las que favorecen la vida. Incluso elementos que consideramos necesarios para la vida como la comida, las medicinas, etc., pueden ser la causa de muerte. Volviendo la vista hacia la Historia es más fácil comprender la realidad de la vida, personajes famosos como Napoleón o Gandhi y tantos otros tuvieron en su momento un gran peso en la sociedad y sus gestas eran reconocidas por todo el mundo, pero hoy las jóvenes generaciones sólo saben de ellos por los libros de historia. Lo mismo les ha ocurrido a seres tan realizados como el noble Buda o Jesús. Es un hecho irrevocable que más tarde o más temprano deberemos enfrentarnos a la muerte. La muerte es una parte de la realidad de nuestras vidas.

Aunque dediquemos toda nuestra vida a trabajar duramente para aumentar nuestras posesiones lo único que nos llevaremos con nosotros serán las semillas kármicas depositadas por nuestras acciones en la consciencia. Al morir, lo dejamos todo excepto esta carga mental que viaja con nosotros hacia otra vida. Nadie puede robar lo que está en nuestra mente. Cuando los tibetanos perdieron su pueblo, tuvieron que abandonar sus hogares, sus posesiones, sus escrituras religiosas, se quedaron sin nada. Llegaron a la India con las manos vacías, pero lo que nadie había podido quitarles era su virtud acumulada, ni su capacidad para desarrollar sus cualidades internas allá donde estuvieran.

Para practicar Dharma es fundamental obrar según la ley de causa y efecto o karma. El funcionamiento de esta ley puede apreciarse incluso en los acontecimientos más simples de nuestra vida cotidiana. Poniendo buenas causas con una buena motivación, obtenemos resultados positivos. Lo mismo ocurre en la práctica del Dharma, cuando las causas son positivas, así son también los resultados. Si plantamos una semilla y le añadimos todas las condiciones necesarias para su desarrollo, agua, sol, etc., sin ninguna duda brotará la planta y dará fruto. Si en nuestra mente sembramos una semilla positiva, cuando se den las condiciones apropiadas el resultado será siempre positivo.

La práctica budista es un sendero gradual en el que cada uno practica según su capacidad. Al principio practicamos con la intención de obtener un renacimiento en un reino superior –como el humano– y gradualmente mejoramos nuestra motivación hasta llegar a convertirnos en practicantes de capacidad mayor, interesados en obtener la Iluminación para ser capaces de ayudar a todos los seres.

Volviendo al principio, si deseamos experimentar felicidad en esta vida y en las futuras tenemos que crear causas para renacer como humanos y poder practicar Dharma. Asumiendo que la ley de causa y efecto es definitiva y que las causas positivas producen felicidad y las negativas, sufrimiento, debemos actuar en consecuencia. El karma puede ser externo o interno. El externo se refiere a hechos que todos podemos apreciar, si un agricultor siembra trigo, la cosecha será de trigo y no de cebada. Por otro lado que el trigo brote no será suficiente con haberlo sembrado sino que serán necesarias las circunstancias adecuadas como sembrarlo en la época adecuada, en una tierra fértil y que el clima sea favorable. El karma interno se refiere a nuestras acciones positivas, negativas o neutras.

Una característica específica de esta leyes que toda acción tiene el potencial de aumentar. Si sembramos una semilla de albaricoque, el fruto son muchos albaricoques, lo mismo sucede con nuestra acciones negativas o positivas, una acción muy pequeña puede acarrear grandes resultados. Otra característica del karma es que jamás puede experimentarse un resultado sin haber creado previamente su causa. A veces vemos accidentes en los que unas personas mueren, otras resultan heridas, incluso algunas resultan ilesas. Sólo mueren los que habían creado la causa para ello y no así los demás.

Una tercera característica es que todas las acciones creadas conservan su potencial. Cuando realizamos una acción, su resultado no tiene por qué aparecer inmediatamente. Sólo al darse las circunstancias adecuadas, el resultado de la acción madurará y producirá su efecto. Es como guardar una semilla de trigo en un lugar protegido durante cientos de años, aun después de todo este tiempo, mantiene su potencial y una vez sembrada, germinará.

Es imposible dejar de crear acciones o karma pero podemos abandonar los engaños y obtener así el estado supremo de la Liberación.

Samsara y Nirvana son contradictorios. Samsara son nuestras experiencias actuales, mientras que Nirvana es un estado mental que no conoce sufrimiento, en el que la felicidad no cambia. Samsara es *incertidumbre*, nuestro mejor amigo puede ser nuestro enemigo mañana. Samsara es *insatisfacción* porque siempre ansiamos más. Si una persona fuera dueña del mundo aún desearía más. Nuestras reencarnaciones son innumerables y en todas ellas hemos experimentado el dolor de la insatisfacción. Además de pasar por los cuatro sufrimientos básicos: nacer, enfermar, envejecer y morir, hemos experimentado muchos otros. Meditar una y otra vez en estos sufrimientos, nos hará ver las desventajas del samsara. Debemos potenciar este sentimiento de aversión y dar paso al deseo de alcanzar el Nirvana.

Alcanzar el Nirvana es ya un gran logro, pero la Iluminación es un estado superior. Para alcanzarla hace falta generar la bodhichita, el deseo de llegar a la Iluminación para poder beneficiar a todos los demás. Hemos de considerar a todos los seres como nuestra madre. No podemos señalar a ningún ser y decir que en un momento del infinito pasado no haya sido nuestra madre. Las prácticas del *adiestramiento mental* están elaboradas precisamente para generar esta mente tan especial.

Conocer prácticas que puedan mejorar nuestra mente puede ayudarnos no sólo a vivir mejor, sino a prepararnos para afrontar el trance de la muerte y la reencarnación.

Cuando una persona llega a la edad de jubilarse, no sabe que hacer con su tiempo. Ya no tiene que trabajar, se siente inútil y sólo espera el fin de sus días. Los más afortunados amenizan esta espera reuniéndose a charlar con sus amigos o viajando en busca de una felicidad inalcanzable que les haga olvidar la proximidad de su muerte. Es una lástima que no puedan aprovechar su tiempo transformando la mente, dándole a su existencia un sentido auténtico.

El problema ha sido siempre la fuerte actitud mental del egoísmo que corrompe nuestra mente y nos arrastra a dar vueltas en el samsara. Está tan enraizada en lo más profundo de nuestro ser, que cuesta mucho eliminarla, pero las técnicas de *adiestramiento mental* sirven para superar este obstáculo.

La persona que ha dedicado su vida a beneficiar a los demás, merece el respeto de todos y su memoria es venerada. Pero, la persona individualista, que sólo se ha preocupado de su propio beneficio no deja nada tras de sí. La vida está llena de estos ejemplos.

Para lograr la suprema mente de la bodhichita debemos dejar de considerarnos más importantes que los demás y adoptar la actitud de valorar a los demás más que a nosotros mismos. Las enseñanzas de *adiestramiento mental* son muy difíciles porque nos enseñan a cambiar esta tendencia egoísta y esto no es nada fácil. Pero es preciso convencemos de las desventajas del egoísmo y de los beneficios de valorar a los demás para, finalmente, transformar nuestro egoísmo en amor.

La bodhichita es la práctica suprema del Dharma. No sería correcto pensar que estas actitudes no son prácticas; lo son y además, con esfuerzo, podemos desarrollarlas en nuestro interior aunque ahora seamos tremendamente egoístas.

Dharmarakshita, autor de *La Rueda de las Armas Afiladas,* tenía una bodhichita tan intensa que, a pesar del dolor, ofreció su propia carne para curar a una persona enferma, cuyo mal sólo podía paliarse comiendo carne humana fresca. Su bodhichita era tan fuerte que no le importó el dolor padecido. Si además de la bodhichita, Dharmarakshita hubiese tenido la experiencia de la vacuidad, ni siquiera habría sentido dolor.

Muchos practicantes posteriores a Dromtompa, como Langri Tangpa, Gueshe Chekawa y otros, compusieron textos de *adiestramiento mental* basados en sus propias experiencias. Atisha compuso el llamado *Rosario de Joyas*. En total, existen unos sesenta o setenta textos de *adiestramiento mental*.

Las técnicas de *adiestramiento mental* se basan en fuentes auténticas, como el texto de Nagaryuna *El Rosario Precioso*, las dos obras de Shantideva *Condensación de los Adiestramientos* y la *Guía del Bodhisattva* así como en un Sutra del Buda llamado *Pel-Po-Che*.

En la India antigua los practicantes debían estudiar textos muy voluminosos para poder generar la bodhichita. Atisha, que tuvo ciento cincuenta y siente Maestros recibió instrucciones sobre bodhichita de Dharmakirti Serlingpa, Dharmarakshita y Jampel Neljor. Atisha consideró a Serlingpa como a su Maestro principal porque las instrucciones que de él recibió fueron la causa principal para desarrollar su bodhichita. Las que recibió del gran yogui Dharmarakshita fueron: *El Pavo Real que destruye el veneno* y *La Rueda de las Armas Afiladas*.

Precisamente de este último texto, *La Rueda de las Armas Afiladas* se extrae el comentario que ahora sigue.

Comentario a la Rueda de las Armas Afiladas

"La Rueda de las Armas Afiladas" da título
a esta obra y con ella golpeamos certeramente
el corazón del enemigo. Sinceramente te rindo
homenaje, Yamantaka cuya cólera se opone
al Gran Señor de la Muerte.

El título *La Rueda de las Armas Afiladas* nos propone la imagen de un procedimiento que, si no se utiliza de forma correcta, puede volverse contra nosotros y dañarnos. Es así como nuestras propias acciones negativas son la causa de que suframos. Cualquier acción en contra de otro antes o después regresará a nosotros y resultaremos ser los verdaderamente dañados.

Si queremos vencer aun enemigo, lo mejor es buscar su punto más vulnerable. Lo mismo ocurre con nuestra práctica de Dharma. Sólo tendremos éxito si atacamos directamente los puntos más sensibles de nuestra autoestima. "Golpear certeramente el corazón del enemigo" tiene un significado muy profundo. Si nos vemos obligados a sacrificar a un animal, no lo cortamos en pedacitos de los pies hasta la cabeza. Sería absurdo hacerle sufrir tanto. Al contrario, lo que hacemos es propiciar un golpe seguro en uno de sus puntos vitales y su muerte es instantánea. Pero antes tenemos que localizar, identificar estos puntos. Apliquemos el mismo ejemplo a nuestra práctica. En primer lugar debemos tener claro que el origen de todos nuestros engaños es el egoísmo y el aferramiento a lo autoexistente –aferrarse a una visión distorsionada del "yo" y los fenómenos–. Si atacamos directamente estos dos engaños raíz, se desvanecerán en nuestro interior todos los engaños secundarios que derivan de ellos y envenenan nuestra mente.

Si dejamos crecer el odio en nuestro interior y nos enfrentamos a quienes nos perjudican, es posible que los venzamos, pero pronto aparecerán otros nuevos. Los enemigos externos pueden ser interminables, pero si conseguimos superar el odio todos desaparecerán de un golpe. Viéndolo con sentido común, podemos damos cuenta de que los enemigos sólo existen en función del odio que seamos capaces de sentir.

Si vamos andando descalzos por el campo y nos pinchamos con las piedras y guijarros del camino, se nos puede ocurrir poner una alfombra que cubra todo el campo para no hacernos daño, pero la verdad es que esto sería muy poco práctico... acabaríamos antes con el problema poniéndonos unos buenos zapatos. Esto es aplicable a cualquier situación adversa con que nos encontremos. Si nos paramos a observar nuestra mente con sinceridad, nos daremos cuenta de que la causa de todos nuestros problemas es el egoísmo, el desmesurado amor propio que nos profesamos. Esta recognición nos capacitará para identificar lo que se esconde realmente tras nuestras insatisfacciones.

Si alguien se enfadara hasta el punto de llegar a pegamos con un palo, lo normal sería reaccionar intentando devolver el golpe. Pero antes de llegar a ese extremo, deberíamos reflexionar y analizar bien la situación. En primer lugar, puesto que el dolor lo habría producido el palo, lo lógico sería enfadamos con el objeto. Aunque, en realidad quien empuñaba el palo era la mano y a ésta la dirigía el brazo. Pero lo verdaderamente importante es que ese brazo lo movían los engaños de la persona que nos atacó. Visto así deberíamos enfadarnos con su egoísmo, pues este dio lugar a esos engaños. Pero nunca reaccionamos de este modo. No nos damos cuenta de que el agresor no tenía en ese momento ninguna libertad para elegir. No vemos que, en definitiva, fue su egoísmo quien le hizo actuar de esta forma. Podríamos, en lugar de responder a su ataque, con más violencia intentar aplacar su egoísmo. Tratar de apagar el odio con más odio es como echar leña al fuego.

La Rueda de las Armas Afiladas nos habla de que cualquier acción negativa que hagamos se volverá contra nosotros describiendo un círculo completo.

La expresión "Golpea certeramente el corazón del enemigo" da a entender, como hemos visto, que no hay más enemigo que nuestros propios engaños y "el corazón" de estos engaños no es otro que la actitud egoísta.

Este texto de *adiestramiento mental* pretende ayudarnos a dar con la clave para atacar directamente a nuestro verdadero enemigo. Se trata de "golpear certeramente" y subyugar nuestro egoísmo devastador.

En los primeros versos encontramos un homenaje del traductor. Este libro pertenece a la *Cesta del Abhidharma* por lo que el homenaje debería ser rendido a Manyushri, sin embargo se rinde homenaje a Yamantaka. Esto es así porque Yamantaka es la manifestación airada de Manyushri. Manyushri es la personificación de la sabiduría que comprende la vacuidad. El objetivo principal de rendir homenaje es eliminar los obstáculos para tener éxito en la composición del texto.

1

En las selvas de plantas venenosas campean los pavos reales, aunque cerca de ellos crezcan los más bellos jardines medicinales. Los pavos reales no encuentran agradables los jardines y crecen con la esencia del veneno.

2

De la misma forma, los valientes bodhisattvas
habitan en la selva de los intereses mundanos.
No importa cuán alegres sean los jardines de
placer en este mundo, estos valientes no se sienten
atraídos por los placeres, sino que prosperan en la
jungla del sufrimiento y del dolor.

Los valientes Bodhisatvas prefieren renacer en el mundo que
está lleno de sufrimiento y placeres mundanos. No están
interesados en satisfacer sus propios deseos sino en satisfacer
los de los demás. No se sienten atraídos por el gozo de la
liberación personal, el Nirvana, sino que prefieren renacer en
el mundo de sufrimiento y dolor para ayudar a los demás.

3

Pasamos nuestra vida buscando diversiones,
temblamos de miedo ante el solo pensamiento del
dolor; nuestra propia cobardía nos hace miserables.
Pero los valientes bodhisatvas aceptan con alegría
el sufrimiento y consiguen con su coraje una alegría
verdadera y permanente.

Los seres ordinarios desperdiciamos nuestro tiempo buscando
satisfacciones y placeres, pero sólo conseguimos insatisfacciones y desengaños. Los Bodhisatvas en cambio, aceptando el
sufrimiento obtienen el gozo inalterable. Los cobardes tratan
siempre de evitar enfrentarse a sus problemas, mientras que
los valientes siempre están dispuestos a aceptar cualquier de-
safío. Correr desesperadamente en busca del propio bienestar
es lo que hacen los cobardes; los valientes saben aceptar las
contrariedades y el sufrimiento. Un Bodhisatva está motivado
por una determinación muy especial: liberar a todos los seres
conscientes del sufrimiento aunque sea uno por uno, problema
a problema. Su fuerte deseo les hace dueños de una felicidad
sin cambios. Hubo un famoso Gueshe Kadampa, llamado
Chekawa, que se afianzó en este fuerte y sincero deseo: "pueda

yo renacer en los reinos inferiores donde existen los mayores sufrimientos y tormentos, con tal de que los demás seres no tengan que experimentarlos". Durante muchos años se adiestró en desarrollar su firme determinación. Cuando llegó la hora de su muerte pidió a su asistente que dispusiera adecuadamente los ofrecimientos y recitó la oración con todas sus fuerzas. Pero cuando reencarnó no se encontró en los infiernos de dolor sino en una maravillosa Tierra Pura. Esto no significa que el deseo de los Bodhisatva no sea sincero, sino que el resultado de tales deseos les acerca cada vez más a la Iluminación, sin que por ello dejen de seguir beneficiando a todos los seres.

4

> El deseo es como la selva de plantas venenosas,
> en la que sólo los valientes, igual que los pavos
> reales, pueden nutrirse. Si seres cobardes,
> como los cuervos, por su codicia lo probaran
> podrían perder sus vidas.

5

> ¿Cómo puede alguien que se estima a sí mismo más
> que a los demás codiciar y tomar como alimento
> tan peligroso veneno? Si se valiera, como el cuervo,
> de tretas y engaños, probablemente perdería su
> oportunidad de liberarse.

6

> Los Bodhisatvas son como los pavos reales,
> se nutren con el veneno de los engaños,
> transformándolo en la esencia de su práctica.
> Prosperan en la jungla de la vida diaria, aceptando
> cualquier acontecimiento y destruyendo el veneno
> pegajoso del deseo.

Valiéndonos de la analogía que nos proponen estos versos, tratemos de extraer su significado. Los pavos reales embellecen alimentándose de plantas venenosas, pero, si un cuervo hiciera lo mismo, moriría. Es así como un Bodhisatva puede desarrollarse ayudado por engaños mentales como el apego o el odio, ya que tiene un método muy eficaz para transformarlos en beneficio para los demás. Pero los cobardes como nosotros, siempre atrapados por nuestra mente egoísta, nada podemos hacer con nuestros engaños ya que son el producto de nuestra indisciplinada actitud egoísta.

Igual que los cuervos morirían si intentaran imitar a los pavos reales nosotros estaríamos creando las causas para seguir renaciendo en samsara sin control, si tratáramos de manejar nuestros engaños como sólo pueden hacerlo los que han superado el egoísmo. Si, orgullosos, creyéramos que podemos emular a los Bodhisatvas, que pueden utilizar los engaños mentales para alcanzar la Iluminación, no sólo incrementaríamos nuestra autoestima, sino que además perderíamos la oportunidad de liberamos. Se compara a los Bodhisatvas con los pavos reales porque pueden transformar los engaños mentales en la esencia de su práctica, porque pueden renacer *voluntariamente* en samsara y llegar a destruir completamente el egoísmo. Es importante diferenciar entre nuestros engaños que surgen del egoísmo y de la ignorancia del aferramiento a lo autoexistente y los de los Bodhisatvas que surgen sólo de la ignorancia del aferramiento a lo autoexistente.

Los Bodhisatvas pueden utilizar sus engaños *deliberadamente* para beneficiar a los demás, puesto que tienen una percepción directa de la vacuidad y aman a todos los seres sin excepción, cualidades que nosotros no tenemos. Nuestros engaños y los suyos son muy diferentes y pensar lo contrario sería un grave error.

7

El vagar incontrolado por los ciclos de existencia,
tiene su causa en nuestra visión del ego como
algo real. Esta actitud ignorante es el mensajero
del demonio del egoísmo preocupado sólo por
el bienestar propio. Buscamos seguridad para
nuestro ego; queremos sólo placer y evitar

cualquier dolor. Desterremos desde ahora todas
las obligaciones egoístas y tomemos alegremente
las penalidades para el bien de todos los demás.

Nuestro vagar incontrolado por la existencia cíclica es debido
a la actitud del aferramiento a lo autoexistente, el rey, y al
egoísmo, su primer ministro. El egoísmo es la causa principal de todos los sufrimientos, por ello se le denomina "el
mensajero del demonio".

Los grandes Gueshes Kadampas consideraban al egoísmo
el peor de los enemigos y el amor a los demás como la esencia
de su práctica. Esa actitud les proporcionaba grandes realizaciones espirituales. Nosotros hemos de seguir su ejemplo.
Si nuestra práctica espiritual no merma nuestro egoísmo,
jamás despertaremos la bodhichita. Es importante empezar a
adiestrarnos, pues en generar la actitud de amar a los demás
y eliminar el egoísmo, lo cual no es tarea fácil.

Las estrofas que siguen nos hablan de la práctica de *dar
y tomar* para cambiar nuestro egoísmo en amor por todos
los seres.

Hemos visto la comparación entre el pavo real y un Bodhisatva, (que en este texto se refiere a alguien que ha realizado
la vacuidad directamente). De la misma manera que el pavo
real digiere el veneno y se torna más bello, el Bodhisatva,
que ya no tiene la actitud de autoestima, puede utilizar las
emociones aflictivas de una forma constructiva. Si un cuervo
imita al pavo real comiendo veneno, morirá. De la misma
manera, si un principiante, que está bajo el dominio del
egoísmo, intenta imitar a un Bodhisatva, sufrirá.

8

Todos nuestros sufrimientos provienen de nuestra
familiaridad con los engaños egoístas, a los que
prestamos atención y por quienes actuamos.
Como todos compartimos esta trágica desventura,
que se origina en nuestras costumbres estrechas
y egocéntricas, debemos tomar todos nuestros

> sufrimientos y las miserias de los demás para
> sofocar nuestros deseos de interés egoísta.

9

> Cuando surge el impulso de buscar nuestro propio
> placer, debemos desviarlo y tratar, en cambio,
> de complacer a los demás. Incluso si aquellos que
> amamos se levantan contra nosotros, culpemos a
> nuestro interés egoísta y aceptémoslo como una
> deuda que debemos pagar.

Es importante adiestrarnos en obtener la bodhichita de una forma gradual. Cuando hemos estabilizado un nivel de práctica, pasamos al siguiente. Es importante aplicar razonamientos correctos para comprender que es posible desarrollar esta mente, que, no se trata de una utopía. Por ejemplo, siglos atrás era impensable la existencia de un avión, pero con el paso del tiempo alguien imaginó la posibilidad de volar y llevó esa idea al plano real de las cosas.

Empecemos analizando el hecho de que nadie desea experimentar sufrimiento y, sin embargo, todos debemos afrontarlo. Continuemos, buscando sus causas hasta llegar a comprender que éstas se hallan en las acciones creadas en vidas previas y, puesto que las seguimos creando, seguiremos experimentando los mismos resultados. Hemos de reflexionar en el hecho de que la cadena de nuestras vidas no tiene límite ni principio. Nuestra vida presente es la continuación de nuestra vida pasada. No podemos señalar un momento en el tiempo y afirmar "mi existencia empezó ahí". Puesto que hemos tenido innumerables vidas y en cada una de ellas hemos necesitado una madre, los seres que han sido nuestra madre han sido innumerables también. Todas las madres aman a sus hijos y ahora nosotros generamos el deseo de devolverles este amor. Viendo que los demás detestan su sufrimiento tanto como nosotros, generamos compasión por todos ellos, el sincero deseo de verles libres de todo pesar.

No es posible experimentar felicidad si ésta se fundamenta

en el egoísmo. Pensar únicamente en el propio beneficio por encima del de los demás, hace imposible que experimentemos felicidad en el futuro. La actitud correcta a adoptar debe ser sentir compasión por todos los seres, y pensar en las desventajas de la actitud del egoísmo.

El concepto de compasión en este contexto está conectado con la práctica del *tomar.* Tomamos los sufrimientos de todos los seres, movidos por nuestro deseo de verles libres de todo pesar. Para afianzamos en esta práctica visualizamos nuestra actitud de autoestima como una luz a punto de apagarse en nuestro corazón, e imaginamos a miles de seres rodeándonos. De los orificios nasales izquierdos de todos estos seres conscientes salen, en forma de luz negra, sus sufrimientos y entran por nuestro orificio nasal derecho hasta llegar al corazón donde extinguen nuestra actitud egoísta. Al cabo de un rato, sentimos que nuestro egoísmo ha sido erradicado y que todos los seres han dejado de sufrir.

Si *tomar* el sufrimiento de los demás nos resulta difícil, podemos empezar tomando nuestro propio sufrimiento e ir ampliando paulatinamente la perspectiva hasta hacerla extensiva a todos los demás. Esta es una práctica difícil, sobre todo cuando pensamos en *tomar* el sufrimiento de nuestros enemigos. Por eso el proceso debe ser gradual.

Cuando tomamos el sufrimiento de los enemigos, nos ayudamos pensando que el enemigo presente no va a serlo siempre; quizá mañana será nuestro amigo. Puede que en el pasado nos haya ayudado. De hecho, desde el punto de vista budista, consideramos que todos los seres han sido amables con nosotros. Tenemos que contemplar estos aspectos para poder generar amor hacia las personas que ahora consideramos enemigos, y *tomar* su sufrimiento.

Cuando calificamos a alguien como amigo o enemigo, se trata de nuestra propia creación. Ni el uno ni el otro van a tener siempre esa condición. El mundo está lleno de personas que han sido grandes amigos, y posteriormente se convierten en enemigos acérrimos y otros que, habiendo sido enemigos han llegado a ser como hermanos.

Dar quiere decir entregar todas nuestras posesiones y semillas de virtud a los demás por medio del amor. Entendiendo como amor el fuerte deseo de ver felices a todos los seres. Volviendo a la visualización, imaginamos que todas nuestras posesiones y virtudes del presente, pasado y futuro, salen por nuestro orificio nasal izquierdo en forma de luz blanca y entran en el cuerpo de todos los seres conscientes a través de sus orificios nasales derechos. Pensamos a continuación que todos los seres experimentan la felicidad. Todos conocemos el amor hacia uno mismo, con el mismo interés debemos ampliar este amor hacia todos los seres, e implicamos en la práctica de *dar*.

Cuando la práctica de *dar* y *tomar* se efectúa intensamente, a veces sucede que, aun estando rodeados de grandes adversidades que afectan a todos cuantos nos rodean, nosotros nos vemos libres de ellas. Se cuenta la historia de Gueshe Kalungpa, que vivía en una región invadida por una epidemia y todos los habitantes de la zona se vieron afectados menos él. Más tarde se supo que su inmunidad fue debida a la fuerza con que practicaba *dar* y *tomar*.

El cuerpo de los practicantes que llevan a cabo el *adiestramiento mental* correctamente se denomina "la ciudad del deleite continuo" porque cuando experimentan alguna circunstancia desgraciada, aprovechan para transformarla en favorable. Si, de encontramos gravemente enfermos, pudiéramos salvar nuestra vida amputándonos una mano, no dudaríamos en hacerlo. De la misma manera, cuando *tomamos* sufrimiento y *damos* felicidad, veámoslo como un ejercicio que, aunque incómodo, nos conferirá una gran fuerza mental en el presente y nos puede ser de gran utilidad en el futuro.

Aunque la explicación sea breve ésta es la forma de adiestrarse en la bodhichita relacionada con dar la victoria a los demás y aceptar uno mismo la derrota. Este es precisamente uno de los versos del famoso texto del Gueshe Kadampa, Langri Tangpa, *Adiestramiento de la mente en ocho versos*. Cuando Gueshe Chekawa vio estos versos quedó muy impresionado y le preguntó a Gueshe Sharawa, discípulo de Langri Tangpa, si en verdad era posible practicar de tal modo, a lo que él le respondió: "Aquel que desea obtener la Iluminación debe practicar así". Gueshe Chekawa le preguntó acerca de algún texto antiguo en el que se fundara dicha práctica, Sharawa respondió que en un famoso texto de Nagaryuna, había una estrofa que decía "Pueda yo dar mi virtud y tomar el sufrimiento de los demás" y que a su vez, estas líneas estaban basadas en un Sutra del Buda. Chekawa quedó convencido de la autenticidad de la práctica ya que las aseveraciones de Nagaryuna son perfectas. Gueshe Chekawa vendió sus propiedades y se fue a vivir durante doce años con Gueshe Sharawa para recibir instrucciones. Practicó hasta realizar la bodhichita y más tarde compuso el famoso texto llamado *Adiestramiento de la mente en siete puntos*.

En las instrucciones del *adiestramiento mental* se habla de transformar las circunstancias adversas en causas para obtener la Iluminación. Para hacerlo, es necesario comprender que mientras pertenezcamos en samsara nos enfrentaremos a todo tipo de sufrimientos. Generalmente, cuando nos asaltan problemas de cualquier índole, nuestra primera reacción es hacemos las víctimas, lo cual añade más sufrimiento. Psicológicamente, la mejor respuesta es aceptar la situación y, en lugar de quejamos, *tomar* el sufrimiento de todos los demás. Después de todo, cualquier sufrimiento es el resultado de acciones creadas en el pasado. Pensemos así: "¡Ojalá este sufrimiento sirva para no volver a sufrir en el futuro y para que todos los seres que sufren tampoco lo experimenten!" Aunque parezca una reacción extraña, ésta es la manera de llevar las circunstancias adversas al camino hacia la Iluminación. Si la ponemos en práctica podremos tener una experiencia propia de su eficacia.

En *La Rueda de las Armas Afiladas* se nos recuerda una y otra vez que cualquier miseria que experimentemos es el resultado de acciones negativas cometidas en el pasado, que maduran ahora en forma de sufrimiento. Uno mismo es responsable de todo lo que le ocurra. La causa fundamental de nuestros sufrimientos es haber estado exclusivamente preocupados por nuestro propio bienestar. Si algo tiene que proporcionamos una gran satisfacción personal, ponemos el esfuerzo necesario para obtenerlo aunque para ello tengamos que pasar por encima de amigos y familiares. Cuando alguien es muy egoísta, nadie le considera una buena persona, no sólo desde el punto de vista espiritual sino también mundano. Por el contrario, si nos preocupamos por el bienestar de los demás, seamos o no religiosos, seremos apreciados por la gente que nos rodea, porque estaremos en posesión de la cualidad humana más valiosa: el altruismo.

Los Budas se han liberado del sufrimiento siendo altruistas a lo largo de muchas vidas. Nosotros, haciendo lo contrario, sólo hemos conseguido insatisfacción.

Si analizamos todos los sufrimientos de que somos víctimas, encontramos su raíz en el egoísmo. Observemos sino, un ejemplo frecuente; si nos sentimos enfermos por haber comido en exceso, se tratará de un sufrimiento causado por nuestro egoísmo; será el aferramiento a nosotros mismos lo que nos habrá incitado a comer más de lo que necesitamos, de forma insana. Esta manifestación del egoísmo no sólo la vemos en algunos humanos sino también en los animales.

El egoísmo es algo con lo que todos nos movemos en nuestra vida cotidiana. Si un político se deja influir excesivamente por ella, puede desestabilizar un país. Lo mismo puede ocurrir en el ámbito de una familia, por culpa del egoísmo pueden romperse los lazos más estrechos.

10

Cuando nuestros cuerpos están doloridos y agobiados con el tormento de enfermedades terribles que no podemos soportar, es la rueda de armas afiladas que se vuelve contra nosotros dando un círculo completo a causa de los errores que hemos cometido. Hasta ahora, hemos dañado los cuerpos de los demás: de ahora en adelante, hagamos nuestras sus enfermedades.

"A causa de los errores que hemos cometido" se refiere a las acciones cometidas en ésta o en vidas previas inducidas por el egoísmo, y que son la causa sustancial de nuestro sufrimiento. Esta estrofa nos enseña qué actitud adoptar cuando caemos enfermos. Puesto que hemos perjudicado a los demás en el pasado, ahora este sufrimiento vuelve a nosotros. Cuando eso suceda, de buen grado aceptemos el sufrimiento propio y el de todos los demás, *tomando* sobre nosotros cualquier dolor. Cuando tenemos jaqueca, es cierto que existen unas causas que la provocan, pero éstas no son más que *causas secundarias* o *circunstanciales*. La *causa principal* de ese dolor de cabeza es una negatividad cometida contra alguien, es la rueda de las armas afiladas que se vuelve contra nosotros en forma de dolor.

Ante cualquier enfermedad tenemos que pensar: "Pueda este sufrimiento servir para eliminar el sufrimiento futuro, mío y de todos los seres".

Todas las prácticas de que habla este texto pueden ser llevadas a cabo mientras caminamos, comemos, trabajamos, etc., no es imprescindible estar sentados en meditación. Si sabemos como integrarlas en la práctica, estas instrucciones nos harán capaces de transformar las circunstancias adversas en positivas para nuestro desarrollo interior.

Para obtener la Budeidad o Iluminación, es necesario entrar en el sendero Mahayana, que depende de haber cultivado la mente altruista de la bodhichita. Aunque nos haya de llevar muchas vidas, esforcémonos en generar esta mente.

11

> Cuando estamos deprimidos y abandonados o sentimos angustia mental, es la rueda de armas afiladas que se vuelve contra nosotros dando un círculo completo, a causa de los errores que hemos cometido. Hasta ahora hemos perturbado profundamente las mentes de los demás; de ahora en adelante, tomemos en nosotros este sufrimiento.

La causa principal de tener problemas mentales es haber perjudicado las mentes de los demás en el pasado. Los estados depresivos, de ansiedad o de cualquier forma de angustia, son la consecuencia de este tipo de acciones. Cuando tengamos que pasar por estas dificultades, debemos pensar: "Pueda mi sufrimiento mental presente cumplir con el propósito de no tener que experimentar un sufrimiento similar en el futuro, pueda también cumplir con el propósito de acabar con el malestar interior de cuantos seres lo padecen y hacer que recaiga sobre mí".

12

> Cuando el hambre o la sed nos abruman, es la
> rueda de armas afiladas que se vuelve contra
> nosotros dando un círculo completo, a causa de los
> errores que hemos cometido. Hasta ahora, hemos
> escondido lo que teníamos sin compartirlo; hemos
> saqueado, robado y seducido a la gente; de ahora
> en adelante, calmemos su hambre y su sed.

En esta estrofa se habla del sufrimiento causado por el hambre y la sed, consecuencia de acciones como la de robar. Cuando pasamos penurias y no tenemos ni para comer hemos de verlo como la consecuencia de haber creado esas causas. Pensemos, "¡Ojala este sufrimiento haga posible que en el futuro no los tenga que experimentar y que el sufrimiento de los demás madure en mí!; de ahora en adelante tomaré el sufrimiento de todos los seres que padecen hambre y sed".

13

> Cuando, faltos de libertad, debemos obedecer a
> otros, es la rueda de armas afiladas que se vuelve
> contra nosotros dando un círculo completo, a causa
> de los errores que hemos cometido. Hasta ahora,
> hemos mirado con superioridad a aquéllos que
> eran humildes y los hemos utilizado para satisfacer
> nuestras propias necesidades egoístas; de ahora en

adelante, ofrezcamos nuestro servicio a los demás con humilde devoción.

Shantideva señala en su *Guía* que, si uno trabaja por motivos altruistas y, desinteresadamente, ordena a los demás que hagan lo mismo, está creando las causas para ser amo en el futuro. Pero servimos de los demás para satisfacer nuestros deseos egoístas, es la causa principal de nuestra esclavitud futura.

14

Cuando sólo escuchamos un lenguaje obsceno y
abusivo, es la rueda de armas afiladas que se vuelve
contra nosotros dando un círculo completo, a causa
de los errores que hemos cometido. Hasta ahora,
hemos hablado sin pensar, hemos calumniado y
sido la causa del fin de muchas amistades; de ahora
en adelante, censuremos todas las tendencias
observaciones irreflexivas.

Recibir insultos y ser criticado es el resultado de haber creado desunión entre dos amigos, parejas o grupos en el pasado. Determinémonos a censurar todas nuestras observaciones impulsivas.

15

Cuando nacemos en condiciones de opresión y
ruina, es la rueda de armas afiladas que se vuelve
contra nosotros dando un círculo completo, a causa
de los errores que hemos cometido. Hasta ahora,
hemos visto solamente lo negativo de los demás,
les hemos criticado y echado en cara sus defectos,
de ahora en adelante, cultivemos sentimientos
positivos y contemplemos lo que nos rodea como si
fuese puro.

Hay mucha gente que nace en países cuyas condiciones son extremadamente pobres y opresivas. Este es el resultado de haber tenido una opinión equivocada de los demás. Por ejemplo, hacer que se culpe a un inocente a causa de nuestro punto de vista negativo. Nacer en un lugar desagradable, inhóspito o muy pobre es el resultado de criticar a los demás y ver solamente sus defectos.

Hay personas corrosivas que se ensañan con los defectos de otros y no ven ninguna de sus cualidades. Llegan fácilmente a la conclusión de que siempre tienen razón y carecen de defectos. Aunque, en realidad, ver solamente los defectos en los demás indica que uno mismo está lleno de ellos. Es muy importante cultivar sentimientos positivos y puros. Es mejor concentrarse en las cualidades de los demás que en sus defectos. Si nos cuesta hacerlo, al menos no les critiquemos, ni hagamos ostensible lo que nos desagrada porque ninguno de nosotros puede realmente juzgar a nadie y, cuando hablamos mal de alguien, podemos estar criticando a un ser muy realizado. Un montón de ceniza, oculta fuego en su interior, si lo tocamos podemos quemarnos. Sólo podemos estar seguros de nuestros defectos, si nos centramos en los "posibles" defectos de los demás, vamos a movernos en un mar de dudas y proyecciones propias.

16

> Cuando nos vemos separados de los amigos y
> de aquellos que nos pueden ayudar, es la rueda
> de armas afiladas que se vuelve contra nosotros
> dando un círculo completo, a causa de los errores
> que hemos cometido. Hasta ahora, hemos quitado
> los amigos y los buenos asistentes a los demás,
> acaparándolos para nosotros; de ahora en
> adelante, nunca seamos la causa de que amigos
> íntimos se separen.

Cuando nos vemos separados de los amigos que nos pueden ayudar y cuando nuestras amistades se rompen es el resultado negativo de haber tomado a los amigos, o asistentes de los demás. De ahora en adelante nunca seamos la causa de que los amigos íntimos se separen para utilizarlos en beneficio nuestro.

17
Cuando los Santos Gurus supremos se sienten a
disgusto con uno, es la rueda de armas afiladas
que se vuelve contra nosotros dando un círculo
completo, a causa de los errores que hemos
cometido. Hasta ahora, nos hemos apartado de los
Gurus y de sus enseñanzas; prefiriendo el consejo
de amigos engañosos; de ahora en adelante,
terminemos nuestras relaciones de dependencia
con aquéllos que nos pueden separar del camino.

Cuando los Seres Sagrados sienten desagrado hacia nosotros es debido a que hasta ahora nos ha gustado estar apartados de los Maestros y hemos preferido seguir los consejos de los amigos dañinos. "Amigos dañinos" no se refiere a gente extraña o de distintas costumbres sino a personas cuyos consejos nos apartan del Dharma y que pueden encontrarse tan cerca de nosotros como amigos y familiares. Cuando intentamos emular a alguien que nos da un buen ejemplo encontramos mil excusas para no hacerlo, en cambio seguimos con facilidad los consejos perniciosos. Atisha nos aconseja abandonar esta clase de amigos para acercarnos a la influencia de los Guías Espirituales y adoptar sus cualidades virtuosas.

18
Cuando injustamente nos culpan por los errores
de otros, se nos imputa falsamente defectos que
no tenemos y somos objeto de continuos insultos,
es la rueda de armas afiladas que se vuelve contra
nosotros, dando un círculo completo, a causa de
los errores que hemos cometido. Hasta ahora, no
hemos apreciado sino menospreciado a nuestros
Gurus; de ahora en adelante, no acusemos jamás a

los demás falsamente, al contrario, reconozcamos el mérito de las virtudes que poseen.

Cuando nos critican injustamente por errores no cometidos, hemos de pensar que es la rueda de las armas afiladas que se vuelve contra nosotros dando un círculo completo a causa de los errores cometidos. Si, aún, manteniendo una disciplina ética pura, alguien nos acusa públicamente de alguna actividad inmoral, en vez de mostrar enfado hacia esa persona debemos pensar que en el pasado nosotros mismos hemos afrentado a los demás, incluyendo a seres realizados.

Siempre que nos critiquen deberíamos recordar el consejo de Shantideva: "No hay necesidad de sentirse deprimido cuando alguien habla mal de uno, ya que otros nos alaban; pero cuando alguien nos alabe tampoco hay motivo para envanecerse porque lo cierto es que otros nos critican". Puesto que cada persona es diferente es imposible ajustarse al gusto de todos, incluso el Noble Buda era criticado. Por esta razón, no es de extrañar que personajes públicos como los gobernantes y quienes detentan cargos de responsabilidad sean alabados por unos y criticados por otros. Reconociendo nuestras faltas y la posibilidad de ser criticados y recordando que la rueda de las armas afiladas se vuelve contra nosotros dando un círculo completo a causa de los errores que hemos cometido, nos determinamos a no acusar jamás a los demás falsamente.

19

Cuando los objetos que utilizamos y que nos son
necesarios diariamente se estropean, se pierden y
se desgastan, es la rueda de armas afiladas que se
vuelve contra nosotros dando un círculo completo,
a causa de los errores que hemos cometido. Hasta
ahora, hemos sido descuidados con las posesiones
de los demás; de ahora en adelante, démosles
cualquier cosa que ellos precisen.

Cuando aquellas cosas de que nos servimos para nuestras actividades de trabajo, dentro y fuera de nuestros hogares se pierden
y se rompen por distintas circunstancias, debemos pensar que
hasta ahora hemos sido descuidados con las posesiones de los
demás, se las hemos quitado, escondido o echado a perder
adrede, para verles separados de ellas. Determinémonos a no
ser nunca descuidados con las posesiones de los demás ni tratar
bajo ningún concepto de separarles de ellas.

20

Cuando nuestras mentes no son claras y nuestros
corazones infelices, nos aburre la virtud pero nos
excita el vicio, es la rueda de armas afiladas que se
vuelve contra nosotros dando un círculo completo,
a causa de los errores que hemos cometido.
Hasta ahora, hemos seducido a los demás para que
actuasen de una forma equivocada, en adelante no
proporcionemos nunca las condiciones que inciten
a seguir sus tendencias negativas.

Cuando nuestro estado mental no es claro y sentimos tristeza en el corazón, cuando al meditar, sentimos la mente
deprimida sin saber el motivo, cuando sentimos celos de
los que son superiores a nosotros, competitividad con los
que están a nuestro nivel y desprecio por los que están más
abajo, es el efecto de nuestras propias acciones. Por culpa
de estas actitudes hemos cometido acciones negativas en el
pasado y ellas son la causa de nuestro desánimo. Es bueno
determinarse a evitar cualquier condición que favorezca las
tendencias mentales negativas, causante de nuestras acciones
negativas actuales. Atisha aconseja que, cuando estemos con
alguien cuidemos lo que decimos y, cuando estemos solos,
observemos lo que pensamos.

21

Cuando nuestras mentes están perturbadas y
nos sentimos frustrados porque las cosas nunca

> suceden como deseamos, es la rueda de armas
> afiladas que se vuelve contra nosotros dando
> un círculo completo, a causa de los errores que
> hemos cometido. Hasta ahora, hemos causado
> interferencias en los demás cuando estaban
> concentrados en actos virtuosos; de ahora en
> adelante, dejemos de causar tales interrupciones.

Cuando sentimos perturbada la mente y las cosas no suceden
como quisiéramos, cuando ponemos esfuerzo en un proyecto,
pero surgen obstáculos que nos impiden realizarlo y sentimos
una gran frustración, es debido a que en el pasado nosotros
mismos interferimos en las acciones positivas creadas por
otros y por ello ahora recibimos un resultado similar.

Crear interferencias en los actos virtuosos de los demás se
refiere, por ejemplo, a mal aconsejar a quien está practicando
generosidad, diciendo que debe pensar en sí mismo, o dicién-
dole que lo que ha de hacer es distraerse. Nos determinamos
a no crear obstáculos en los demás cuando se implican en
acciones virtuosas.

22

> Cuando nada de lo que hacemos complace a
> nuestros Gurus, es la rueda de armas afiladas que se
> vuelve contra nosotros dando un círculo completo,
> a causa de los errores que hemos cometido.
> Hasta ahora, hemos fingido ante nuestros Gurus
> mostrando modales piadosos, que en su ausencia se
> tornan pecado; de ahora en adelante, tratemos de
> ser menos hipócritas y llevemos sinceramente todas
> las enseñanzas en el corazón.

Cuando nada de lo que hacemos complace a nuestro Guru,
es porque en el pasado hemos pretendido ser grandes practicantes frente a él pero en su ausencia hemos cedido a todo
tipo de negatividades. Puesto que a nadie le agrada disgustar
a su Guru, determinémonos de ahora en adelante a poner

en práctica sus enseñanzas de una manera clara y sincera y a dejar de ser falsos.

23

> Cuando los demás se quejan de todo lo que
> hacemos y se muestran ansiosos por culparnos
> únicamente a nosotros, es la rueda de armas
> afiladas que se vuelve contra nosotros dando
> un círculo completo, a causa de los errores
> que hemos cometido. Hasta ahora, hemos sido
> desvergonzados y los sentimientos ajenos no nos
> han importado,' de ahora en adelante, detengamos
> nuestro comportamiento ofensivo,

A veces ocurre en nuestras relaciones familiares, de trabajo o vida cotidiana que quienes nos rodean se quejan constantemente de todo lo que hacemos, están pendientes de nuestros defectos y ansiosos por culparnos de algo. Frente a estas situaciones no pensemos que son ellos los que actúan mal, sino más bien que quizás nosotros hayamos cometido algunos errores. Esta situación es el resultado de haber sido desconsiderados con los demás y con nosotros mismos. Tener consideración hacia los demás es evitar actuar de una forma inapropiada para no dar mal ejemplo. Tener consideración hacia uno mismo es evitarlo por propia consciencia personal o para mantener la práctica del Dharma. Con estas dos actitudes evitamos actuar de una forma negativa.

Desde tiempo sin principio, influenciados por nuestro egoísmo, hemos creado infinidad de acciones negativas y perjudicado a los demás a través del cuerpo, la palabra y la mente. Esto ha creado un hábito en la mente muy difícil de corregir por culpa del egoísmo. Si existiera un conflicto que enfrentara a nuestra familia con otras personas, desearíamos que se solucionara en favor de los nuestros, pero si el problema se diera entre la familia y uno mismo, desearíamos salir airosos nosotros. Por culpa del egoísmo experimentamos consecuencias negativas en esta vida y en las futuras. Un problema grave entre marido y mujer, puede acabar en separación. Lo que hay detrás de toda discusión es el egoísmo y el no poder tolerar la derrota.

24

> Cuando nuestros siervos y amigos están molestos
> por nuestras costumbres y no pueden permanecer
> en nuestras casas, es la rueda de armas afiladas
> que se vuelve contra nosotros dando un círculo
> completo, a causa de los errores que hemos
> cometido. Hasta ahora, hemos impuesto nuestros
> malos hábitos a los demás; de ahora en adelante
> cambiemos, y mostremos únicamente maneras
> amables.

Cuando hacemos nuevos amigos, al principio todo funciona bien, pero con el paso del tiempo, nos conocemos mejor y las cosas empiezan a ir mal. Ya no les agradamos como al principio, ni ellos a nosotros y su actitud cambia. Esto es el resultado de hábitos como el odio, el orgullo o el apego.

Shantideva dice en su *Guía:* "Si el amo desea que sus sirvientes trabajen a gusto, tiene que recompensarles como es debido. Si, movido por su avaricia, no lo hace, acabará perdiendo su hacienda. Siendo así, ¿qué necesidad hay de mencionar lo que perderá en sus vidas futuras?" El egoísmo y la avaricia son la causa de que el amo no sea capaz de recompensar como corresponde a sus trabajadores y por ello le abandonan. Lo mismo le ocurre a quien no sabe cuidar de sus amigos, y los desprecia en lugar de tratar de agradarles.

Deberíamos optar por mostrar buenos modales, reducir nuestro egoísmo y ser más altruistas. Pensemos: "igual que yo los demás desean felicidad, somos iguales en este sentido y no hay ninguna razón para menospreciarles".

25

> Cuando nuestros allegados nos dan la espalda
> como enemigos, es la rueda de armas afiladas que se

vuelve contra nosotros dando un círculo completo,
a causa de los errores que hemos cometido.
Hasta ahora, hemos guardado rencor en nuestros
corazones urdiendo astutos métodos para dañar a
los demás; de ahora en adelante, no escondamos
nuestros sentimientos pretendiendo que somos
amables cuando albergamos fines infames.

Cuando amigos y familiares se vuelven contra nosotros, no es su culpa sino la nuestra. La fuerte intención de beneficiarnos a nosotros mismos y de ser indiferentes con los demás hace que se produzcan situaciones como ésta. A causa del egoísmo, nuestro corazón se inunda de avaricia y tratamos mal a los demás.

Según Shantideva "el enemigo interno" es extremadamente poderoso, su energía es tan fuerte que puede destruirnos. "Aunque todos se vuelvan contra tí, carece de importancia porque sólo pueden perjudicarte en esta vida, pero si permites que tu enemigo interno, se apodere de tí, te perjudicará en esta vida y en las futuras, es tan fuerte que puede reducir a cenizas la mayor montaña".

A causa de sus fuertes engaños, los políticos que gobernaban hace años, hicieron estallar la primera y la segunda guerra mundial y por su causa millones de seres perdieron sus vidas y ciudades enteras fueron destruidas. Si nos dejamos llevar por los engaños todos se volverán contra nosotros.

26

Cuando sufrimos la enfermedad y sus
interferencias, cuando la gota ha hinchado nuestras
piernas, es la rueda de armas afiladas que se vuelve
contra nosotros dando un círculo completo, a causa
de los errores que hemos cometido. Hasta ahora,
sin escrúpulos ni control hemos robado o utilizado
indebidamente lo que los demás nos han dado; de
ahora en adelante, no tomemos nunca nada de lo
ofrecido a las Tres Joyas como si fuese nuestro.

Avalokiteshvara

Cuando padecemos enfermedades, es cierto que hay diferentes circunstancias temporales que las producen, pero la causa principal está en algo que hemos hecho en vidas anteriores. A veces padecemos enfermedades graves como la tuberculosis y el cáncer, o crónicas como las alergias, la gota y otras, esto es la rueda de las armas afiladas que vuelve contra nosotros. Hasta ahora, hemos tomado sin escrúpulos las propiedades de los demás, especialmente las ofrecidas a las Tres Joyas. Tomemos la determinación de no repetir estas acciones.

Aunque no esté explícitamente descrito en las estrofas de este texto, siempre que nos encontremos en situaciones como las citadas podemos utilizarlas para hacer la práctica de *tomar* sobre nosotros el sufrimiento de los demás, por medio de la compasión y *dar* nuestra felicidad por medio del amor.

En otras religiones existe la práctica de la automortificación, sus seguidores piensan que cierto estado es Liberación y para alcanzarlo se inflingen daño pegándose con cadenas, no comen y se crean todo tipo de problemas. Piensan que estas penitencias sirven para llegar a la Liberación o purificar la mente; pero en el budismo Mahayana no tenemos estas prácticas. El budismo explica cómo aprovechar las situaciones críticas, cómo cambiar estas circunstancias adversas en favorables. Explica un método que no nos perjudica.

27

Cuando las enfermedades y golpes inesperados
nos hieren sin aviso, es la rueda de armas afiladas
que se vuelve contra nosotros dando un círculo
completo, a causa de los errores que hemos
cometido. Hasta ahora, hemos roto nuestra palabra
de honor; de ahora en adelante, evitemos estos
actos negativos.

Cuando, sin esperarlo, nos vemos asaltados por una enfermedad infecciosa y comprobamos que muchos no desean estar con nosotros por temor al contagio, deberíamos pensar: "En mis vidas previas he cometido acciones no virtuosas y también he ordenado a otros que las hagan, por eso ahora experimento estos sufrimientos".

Pensemos que es la rueda de las armas afiladas que se vuelve contra nosotros por no haber observado los votos que hemos tomado. Debemos transformar esta situación en el camino a la Iluminación, deseando que esta experiencia de sufrimiento presente sirva para mitigar las consecuencias desastrosas que por todas las acciones negativas cometidas hasta ahora deberíamos sufrir, nosotros y cualquier ser que experimente o que se encuentre en la misma situación.

Determinémonos a no cometer estos actos negativos e impedir a los demás que los hagan.

Durante la época de Atisha y su sucesor Dromtompa, las enseñanzas de *adiestramiento mental*, conectadas a la práctica de Cambiarse por los Demás solían transmitirse en secreto; sin embargo, en tiempos de Gueshe Chekawa, estas prácticas se hicieron públicas porque él no creyó conveniente mantener escondida una práctica tan beneficiosa. Gueshe Chekawa enseñó estas técnicas a muchos leprosos que, tras adiestrarse en ellas, sobre todo en *tomar* el sufrimiento y *dar* felicidad, se curaban. Por esta razón, las prácticas de *adiestramiento mental* fueron conocidas también como el "Dharma de la lepra".

Me comentó Gueshe Tamding Gyatso que, hace muchos años, conoció a un Gueshe llamado Tehor Cholpen Kyorpen que ayudaba a los leprosos de la montaña Minduk Zare. Aunque nadie se atrevía a acercarse al lugar, el Gueshe iba con frecuencia y les daba estas enseñanzas. Gracias a ellas muchos leprosos se curaron.

28

Si nuestra mente se nubla cuando intentamos
estudiar, es la rueda de armas afiladas que se
vuelve contra nosotros dando un círculo completo,
a causa de los errores que hemos cometido. Hasta

ahora, hemos pensado que el estudio del Dharma no era lo más importante, y que podía ser ignorado; de ahora en adelante, desarrollemos los hábitos de la sabiduría para escuchar y reflexionar acerca de lo que el Buda enseñó.

Los objetos de conocimiento son infinitos y a veces, al estudiar, nuestra mente se nubla, siendo incapaces de captar el significado de lo estudiado. Nos sucede porque nunca hemos dado una importancia primordial al estudio del Dharma. Aunque actividades como dormir, comer, o pasear son necesarias siempre les damos prioridad frente a la práctica de Dharma. Sería fantástico determinarse a adoptar el hábito de la sabiduría, es decir, escuchar y contemplar el Dharma.

Todos tenemos el potencial de convertirnos en Buda, pero no lo explotamos a causa de nuestra pereza. Incluso los científicos modernos nos dicen que los humanos no sabemos aprovechar el potencial cerebral que tenemos ya que sólo utilizamos como máximo un cinco por ciento de su capacidad.

29

Cuando el sopor nos abruma al practicar la virtud,
es la rueda de armas afiladas que se vuelve contra
nosotros dando un círculo completo, a causa de
los errores que hemos cometido. Hasta ahora,
hemos acumulado causas para tener obstáculos
que dificultan nuestra práctica de actos virtuosos.
(Hemos carecido de todo respeto por las
enseñanzas de las escrituras; nos hemos sentado
sobre nuestros libros y dejado textos en el suelo.
También hemos mirado con desdén a los que tienen
profundo discernimiento). De ahora en adelante,
por el bien de nuestra práctica del Dharma
soportemos alegremente todas las penalidades que
encontremos.

Cuando al intentar practicar la virtud de estudiar o meditar, el sueño nos abruma y la mente está pesada puede ser debido a una de las dos causas principales: carecer de familiaridad con todas las prácticas o estar lleno de prejuicios hacia las diferentes religiones. De ahora en adelante, superemos con alegría cualquier dificultad en beneficio de la práctica de Dharma, y evitemos actuar en contra del Dharma, en cualquiera de sus representaciones.

30

> Cuando nuestra mente divaga sin cesar y
> corre hacia el engaño, es la rueda de armas
> afiladas que se vuelve contra nosotros dando
> un círculo completo, a causa de los errores que
> hemos cometido. Hasta ahora, hemos descuidado
> la meditación en las adversidades que impregnan
> este mundo transitorio; de ahora en adelante,
> trabajemos para renunciar a esta existencia y
> aprendamos a ver la naturaleza transitoria de todas
> las cosas.

Pasamos la vida dispersos, sin pensar en la práctica de Dharma, permitimos que la mente se distraiga en actividades mundanas y corremos gozosos hacia los engaños. Aunque pasamos de la alegría a la tristeza nunca nos acordamos del Dharma. Esta dispersión mental con la que justificamos nuestros engaños es la consecuencia de no haber pensado en la naturaleza impermanente de nuestra vida ni en la certeza de la muerte.

A pesar de que hemos visto morir a muchos de nuestros conocidos, incluso algunos miembros de nuestra familia, nunca pensamos que a nosotros también nos llegará la hora. Cuando llegue la muerte no podremos llevarnos nada ni a nadie. Lo único que nos puede ayudar en el largo viaje hacia la vida futura son las acciones positivas acumuladas.

Cuando estamos a pocos segundos de la muerte, nuestros bienes, amigos y familiares dejan de pertenecernos. No sabemos si la próxima vida será en un reino superior o inferior. Aunque en el mejor de los casos renazcamos en un reino superior, seguiremos experimentando diversos sufrimientos y así, vida tras vida. Sólo podremos liberamos cuando eliminemos nuestros engaños internos. Pero este deseo de liberamos no va a ser algo espontáneo. Necesitamos practicar con esfuerzo.

Puesto que desconocemos los beneficios de practicar Dharma, y de meditar en la impermanencia y el sufrimiento hemos desperdiciado nuestras vidas sin darles un sentido. Esta estrofa nos aconseja contemplar las desventajas de este mundo transitorio y la impermanencia de la vida.

Contemplar la muerte es una de las causas principales que nos mueve a practicar, a hacerlo regularmente y a tener éxito en nuestro empeño. Todos sabemos que quien nace tendrá que morir, pero este reconocimiento no es suficiente, porque interiormente nos aferramos a la permanencia de la vida. Cada nuevo día pensamos: "Hoy no moriré". Por causa de este falso concepto no practicamos.

Cualquier práctica que hagamos distraídos apenas tiene poder, no obtendremos demasiado beneficio de ella. Shantideva dice "Si meditas o recitas *mantras* con una mente distraída, tu práctica es hueca". Es muy importante generar renuncia. Si nos sentimos muy obsesionados por las cosas de esta vida, debemos recordar la muerte. Y si nos sentimos apegados a la felicidad de las vidas futuras, recordemos las desventajas del *samsara*.

Entender el Dharma no es suficiente, es necesario conocer Los Cuatro Puntos de Partida: 1) el del sendero, significa apoyarse debidamente en el Maestro Espiritual, 2) el de las etapas del camino, significa meditar en las dificultades de obtener un perfecto renacimiento humano, 3) el de la meditación, significa cultivar una motivación adecuada y 4) el de la práctica del Dharma, significa observar la ley de causa y efecto.

31

> Cuando todos nuestros asuntos, mundanos y
> religiosos topan con problemas y caen en la ruina,
> es la rueda de armas afiladas que se vuelve contra
> nosotros dando un círculo completo, a causa de
> los errores que hemos cometido. Hasta ahora,
> habíamos pensado que causa y efecto se podían
> descuidar; de ahora en adelante, practiquemos con
> fuerza y paciencia.

¿En cuantas ocasiones las cosas no van como deseamos? ¿Cuántas veces nos hemos desesperado de impotencia por deseos no cumplidos?, hemos perdido nuestras posesiones, nos hemos arruinado, nos han robado, hemos tenido que pagar más impuestos de lo que esperábamos. En el campo espiritual sucede otro tanto, a veces no podemos hacer cuantas prácticas deseamos o las que hacemos no tienen éxito, empezamos retiros con energía y alegría, pero distintas causas impiden que se terminen con éxito, hemos de separamos de nuestros Maestros y tantas otras adversidades. Pero detrás de cada fracaso no hay más que una causa: haber descuidado en vidas previas o en esta misma vida, la ley de causa y efecto. No hemos prestado ninguna atención al mecanismo de esta ley y en lugar de cultivar las causas que producen felicidad, hemos cultivado las causas que traen sufrimiento. En líneas generales "karma" significa que una buena causa dará un buen resultado y una mala causa proporcionará un resultado negativo. Aspirar a obtener buenos resultados sin poner esfuerzo es como esperar una buena cosecha sin haber sembrado.

Los principiantes debemos observar esta ley basándonos en el abandono de las diez acciones negativas, y en la práctica de las Seis Perfecciones.Deberíamos pensar que la situación descrita en esta estrofa es la rueda de las armas afiladas que vuelve contra nosotros y nos determinamos a observar la ley del karma y practicar las Seis Perfecciones.

32
Cuando los ritos realizados parecen no dar frutos,
es la rueda de armas afiladas que se vuelve contra
nosotros dando un círculo completo, a causa de
lo errores que hemos cometido. Hasta ahora,
habíamos confiado en los dioses mundanos o
hemos buscado alivio en acciones inexpertas; de
ahora en adelante, dirijámonos en otra dirección y
abandonemos cualquier acción negativa.

Frecuentemente nos entregamos a la práctica religiosa esperando resultados. Si estamos enfermos hacemos ofrecimientos a los Budas, instamos a los Lamas para que hagan rituales especiales, pero aún así no conseguimos recuperarnos. Esta consecuencia indeseada se debe a que, a pesar de hacer ofrecimientos a los Budas, en el fondo nos estamos apoyando en fuerzas negativas como dioses mundanos o en nuestras propias negatividades.

Cuando seguimos los consejos de un médico y tomamos la medicina que nos receta, pero, a pesar de ello no nos curamos es debido a que no hemos purificado los suficiente y a que seguimos controlados por los aspectos negativos de nuestra mente. Cuando la rueda de las armas afiladas se vuelva así contra nosotros tenemos que ser conscientes de que esto ocurre porque hemos confiado en fuerzas negativas, ya sea en cualquier tipo de creencia mundana o en nuestros propios engaños, Por tanto hemos de tomar la firme determinación de purificar nuestro karma, apartamos de todo tipo de fuerzas negativas y confiar en las Tres Joyas.

Para evitar sufrimientos no sólo en esta vida sino también en las futuras, hemos de tomar refugio en Buda, Dharma y Sangha. Buda es el Maestro, sus enseñanzas son el refugio auténtico y la Sangha los amigos espirituales que nos ayudan a seguir nuestro camino hasta la Iluminación.

Buda, Dharma y Sangha se comparan respectivamente al médico, la medicina y las enfermeras. Buda es el médico que da enseñanzas, como un médico da medicinas. El refugio auténtico es el Dharma, el antídoto directo a nuestra enfermedad y Sangha es la enfermera, que nos ayuda a seguir correctamente el tratamiento.

Refugiarnos en las Tres Joyas no significa que Buda, Dharma y Sangha vayan a estar siempre fuera de nosotros, ni que vayamos a estar permanentemente en la situación actual. Buda, Dharma y Sangha son un estado de consciencia que es posible generar en nuestro interior. Si practicamos el Dharma sinceramente podemos llegar a la Iluminación y convertirnos en Buda. Las realizaciones espirituales interiores son el Dharma último, el perfecto ejemplo de sus enseñanzas. Al convertirnos en un Ser Iluminado, somos un ser Arya o Sangha. El objetivo crucial en nuestra práctica de Dharma es la perfecta observación de la ley del karma. Desde el momento en que empezamos a observar esta ley y obrar en consecuencia estamos construyendo el fundamento del Dharma en nuestro interior.

Los elementos necesarios para tomar refugio son dos: temor y fe. Nuestra vida no se limita al momento presente en que quizá tenemos la impresión de estar muy bien, sin grandes problemas y disfrutando de una buena salud. En una situación así nos relajamos excesivamente y dejamos de recordar la certeza de la muerte. En ese momento necesitamos algo que nos impulse a practicar: el *temor* a experimentar sufrimiento en las vidas futuras. Puesto que éste podría ser terrible y atemorizante, necesitamos un refugio que nos proteja. Despertando esta actitud de terror hacia los sufrimientos del samsara, particularmente el de los reinos inferiores, tomamos refugio en las Tres Joyas con *fe y convicción.* La fe surge cuando comprendemos que sólo ellas tienen el poder para protegernos del sufrimiento, ya que el Buda y la Sangha están más allá del samsara y pueden enseñarnos el camino para salir de él. Si nos confiamos o tomamos refugio en algo que esté atado por los sufrimientos samsáricos nunca nos liberaremos del samsara.

33

Cuando ninguno de nuestros deseos se realiza ni
aun haciendo oraciones a las Tres Joyas preciosas,

es la rueda de armas afiladas que se vuelve contra nosotros dando un círculo completo, a causa de los errores que hemos cometido. Hasta ahora hemos roto nuestros compromisos con el Buda, cuyas enseñanzas merecen plena confianza; de ahora en adelante, confiémonos plenamente al Buda, sus enseñanzas y en aquéllos del redil.

Hacemos oraciones y tomamos refugio en las Tres Joyas, pero aun así, nuestros deseos no se cumplen. Sentimos que a pesar de confiar plenamente en ellas, no nos ayudan, es como si no existieran. Pero no podemos echarles a ellas la culpa de que esto ocurra, ya que somos nosotros quienes no hemos mantenido correctamente los compromisos adquiridos. Si nuestros deseos no se realizan es la rueda de las armas afiladas que se vuelve contra nosotros a causa de la acción errónea de no apoyarse en las Tres Joyas de una manera adecuada. Debemos determinamos a depositar nuestra confianza exclusivamente en las Tres Joyas.

34

Cuando los prejuicios y las concepciones molestas nos han lisiado y las fuerzas externas se levantan contra nosotros, es la rueda de armas afiladas que se vuelve contra nosotros dando un círculo completo, a causa de los errores que hemos cometido. Hasta ahora, hemos acumulado vastas provisiones de negatividad, quebrantando nuestros votos y ofendiendo a los protectores, con nuestra práctica, desde la devoción al Guru hasta el Tantra. De ahora en adelante, desterremos todos los propósitos perjudiciales.

A veces movidos por alucinaciones sufrimos. Tenemos una enfermedad física y creemos que alguien nos ha perjudicado o nos ha enviado influencias malignas. Pero su causa real es el no haber confiado correctamente en las deidades, y el haber roto los compromisos y los votos tántricos.

Es preciso dejar de caer bajo la influencia de las concepciones erróneas. Buda dijo que el temor y el sufrimiento vienen de la mente a causa de las concepciones erróneas y los engaños.

Aquí por "alucinación" entendemos un tipo de mente que proyecta una fantasía negativa. A veces pensamos sin base alguna, que algo o alguien desea perjudicarnos. Con este tipo de mente supersticiosa aunque estuviésemos en una casa vacía, veríamos ladrones y asesinos por todos lados. Es como una especie de paranoia.

En una ocasión un yogui estaba meditando en su cueva, y en el altar tenía una luz más bien tenue, estaba lloviendo y las hojas y ramas de un arbusto que había en la entrada de la cueva estaban mojadas. Al terminar la meditación, el yogui miró hacia fuera y se quedó aterrado ante la visión de un monstruo con cien ojos que le estaba mirando fijamente. En realidad no era más que el arbusto mojado, cuyas hojas al reflejar la luz de las velas de su altar parecían ojos. El yogui se asustó tanto que empezó a recitar mantras iracundos y viendo que no surtían efecto se levantó furioso decidido a atacar al demonio que al final resultó estar vivo sólo en su imaginación.

En otra ocasión un practicante de Chod (Cortar el aferramiento a lo autoexistente) colgó su gran *damaru* (tambor ritual) en la pared. Más tarde, al anochecer, se olvidó del tambor y en su lugar vio aun mono que lo miraba. El yogui sorprendido pensó "¿Cómo es posible, si aquí no hay monos? ¿Cómo puede ser?" Creyó que era alguna fuerza negativa y empezó a recitar mantras poderosos como *hum hum phet*, pero cuanto más recitaba más claramente veía al mono. Desesperado y muerto de miedo lo atacó y lo único que consiguió fue romper su *damaru*.

Por no conocer la realidad de los fenómenos creamos muchas concepciones y fantasías que nos perturban. Después de darnos cuenta de que estas concepciones molestas son muchas veces la causa de que enfermemos y tengamos que padecer, nos determinamos a eliminar todo tipo de concepciones conflictivas.

35

Cuando carecemos de control sobre nuestro
destino y erramos como animales perdidos sin
hogar, es la rueda de armas afiladas que se vuelve
contra nosotros dando un círculo completo, a
causa de los errores que hemos cometido. Hasta
ahora, hemos perturbado a nuestros semejantes y a
los Santos Gurus, les hemos obligado a abandonar
sus casas y su entorno; de ahora en adelante, jamás
perturbaremos la paz de los demás, echándoles
cruelmente de donde residen.

Cuando perdemos nuestro hogar, los derechos sobre nuestra tierra y nos vemos obligados a vivir como vagabundos errando sin control de un lado a otro, es el resultado de no haber permitido a los Santos Gurus, a nuestros padres o seres próximos, a permanecer en sus lugares de residencia. Quizá este sea el caso del pueblo tibetano, que, habiendo perdido su tierra, carece de un lugar donde hallar sosiego y al que llamarle "Patria". Tal vez en el pasado crearon el karma colectivo de perjudicar como se ha descrito a sus Gurus o a otros seres merecedores de respeto.

36

Cuando las cosechas de nuestros campos se ven
continuamente amenazadas por la sequía, las
inundaciones, el granizo, las heladas o las plagas,
es la rueda de armas afiladas que se vuelve contra
nosotros dando un círculo completo, por los
errores que hemos cometido. Hasta ahora, hemos
fallado en el cumplimiento de nuestras promesas;
de ahora en adelante, mantengamos puros todos
nuestros votos.

Tal como se dice en el verso, cuando nuestros campos se ven continuamente afectados por los desastres naturales, es la consecuencia fatal de haber roto nuestros compromisos, tanto si son religiosos como mundanos. Desde el punto de vista mundano si nos comprometemos a trabajar en bien de la sociedad, pero sin motivo alguno nos cansamos y abandonamos toda actividad, no es muy correcto. Desde el punto de vista religioso si nos comprometemos a observar las diez virtudes y a evitar las negatividades pero ignoramos por completo nuestras promesas, incurrimos en una grave negatividad. Determinémonos a mantener todos nuestros votos y promesas contra cualquier adversidad.

Si la gente es solidaria, está unida y la mueven objetivos comunes, las cosa funcionan y hay prosperidad. Si los miembros de una sociedad siempre están enfrentados no hay paz sino inestabilidad y el lugar será azotado por desastres naturales.

37

> Cuando somos pobres, pero estamos llenos de codicia y deseo, es la rueda de las armas afiladas que se vuelve contra nosotros dando un círculo completo, a causa de los errores que hemos cometido. Hasta ahora, hemos sido avaros y poco dados a compartir. Los ofrecimientos que hemos hecho a las Tres Joyas han sido escasos; de ahora en adelante seamos desprendidos y de corazón generoso.

Si la codicia y la avaricia corroen nuestro corazón es debido a las ansias de riqueza que nunca se sacian y por ello seguiremos siendo pobres. Esta pobreza es el resultado de haber sido avaricioso y miserable en vidas previas, a la falta de conmiseración con los pobres, a no haber hecho ofrecimientos a las Tres Joyas, etc. Después de reflexionar en las causas de estas consecuencias determinémonos a ser generosos y a hacer ofrecimientos a las Tres Joyas.

Si deseamos gozar de una buena vida mundana, hay tres prácticas muy importantes a tener en cuenta *ahora:* la disciplina ética, la generosidad y la paciencia. Si observamos disciplina ética, renaceremos como humanos, si somos generosos no nos faltará de nada y si somos pacientes seremos bellos.

El motivo por el que los seres de este Universo tenemos la mejor oportunidad para alcanzar la Budeidad es la gran diversidad que existe entre nosotros, pues podemos tomar a los menos afortunados como el objeto de nuestra generosidad. Existen otros Universos en los que los seres viven desahogadamente y la práctica de la generosidad no tiene sentido y sin ella es más difícil llegar a la Iluminación.

La mejor ocasión para perfeccionar la paciencia la tenemos en este mundo, porque para obtener esta Perfección son necesarias criaturas que nos sirvan como objeto del odio. En lugares celestiales como los Reinos de la Forma y No Forma, los seres no manifiestan su odio porque no hay objetos que lo hagan surgir.

38

Cuando nuestra fealdad despierta burlas, cuando los demás nos atormentan riéndose de nuestros defectos y mostrándonos su falta de respeto, es la rueda de armas afiladas que se vuelve contra nosotros dando un círculo completo, a causa de los errores que hemos cometido. Hasta ahora, las imágenes que hemos dibujado o esculpido, carecían de belleza y hemos expresado nuestro enojo, haciendo feas escenas; de ahora en adelante, imprimamos bellos libros y hagamos agradables estatuas, y no mostremos mal genio, sino buen humor.

Es muy importante crear causas para renacer como humanos. Pero con un cuerpo humano no es suficiente, para poder practicar necesitarnos además buenas condiciones materiales y un físico cualificado. Como humanos necesitamos prosperidad y una apariencia agradable. Por ello hace falta crear las causas para estas tres cualidades: disciplina ética, generosidad y paciencia.

En el budismo se enfatiza mucho la ley del karma porque tiene un gran impacto en nuestra vida. El karma es algo que no podemos ver con los ojos y, sin embargo, siempre está ahí. Es posible que dos personas se introduzcan en el mismo negocio, inviertan la misma cantidad de dinero, y tengan incluso el local en la misma calle, pero una tiene éxito y la otra pierde su dinero. Este hecho es relativamente frecuente y demuestra que las causas externas no son lo único que determina los resultados, sino que hay algo más y carecemos de control sobre ello. Las cosas no suceden únicamente debido a circunstancias temporales. Dos niños pueden ser educados igual, ir a la misma escuela, y al crecer, uno ser un triunfador y el otro un fracasado. Pensemos en los miles y miles de personas con diferentes formas de ser, intereses y predisposiciones.

Nuestras vidas están llenas de altibajos. Por la mañana estamos contentos y al cabo de unas horas nos sentimos mal. Esto es un indicio de que detrás de todas nuestras experiencias hay una fuerza, el karma.

Ahora tenemos la oportunidad de crear acciones positivas y abandonar las negativas. Cuantas más acciones positivas acumulemos mejor será nuestro futuro. Esforzarse en crear acciones positivas y abandonar las negativas constituye la práctica de la disciplina ética y con ella construimos nuestro karma.

El Dharma transforma nuestros estados mentales negativos en positivos. Si la mente sucumbe a los estados negativos y no funciona fluidamente, seremos desgraciados. Ahora es el momento de esforzarnos en transformarla en una mente amable, abierta y feliz. Practicar Dharma no significa ir a meditar al templo cada día y no practicar en la calle. Si practicamos regularmente meditación, pero la mente está siempre afligida por los engaños nuestras acciones no son correctas, no estamos practicando Dharma. Aunque no meditemos si observamos la mente durante todo el día y al darnos cuenta de que aparece un aspecto negativo, lo eliminamos de inmediato, esto sería practicar Dharma.

Hay dos senderos esenciales en el budismo, el Mahayana y el Hinayana. Los practicantes mahayana buscan obtener la Iluminación para beneficiar a todos los seres. Pero por tratarse de una práctica muy elevada hay quien no puede abordarla, en este caso, si no nos sentimos capacitados para ayudar a los demás, tratemos al menos de no perjudicarles, de no reaccionar violentamente ante ninguna circunstancia, esta es la práctica esencial Hinayana.

Se dice que incluso llevando una vida mundana uno puede obtener la Iluminación y que alguien retirado del mundo en una montaña apartada, meditando durante años sin transformar la mente, puede estar creando causas para renacer en los reinos inferiores.

Las consecuencias de que nos habla esta estrofa, son producidas por nuestro odio, por haber privado a otros de representar en pintura o esculturas imágenes de los Budas y por hacer nosotros mismos representaciones repulsivas de los Seres Santos. Determinémonos a no levantar objeciones cuando alguien hace estatuas, y a no tener mal temperamento.

Cuando nos afligen las enfermedades no somos felices, nos embarga la tristeza y sólo deseamos recuperamos pronto. Un practicante de *adiestramiento mental* piensa de manera diferente. Quejarse por los problemas, no hace más que aumentarlos; y pensar constantemente en ellos es como añadir leña al fuego. Nosotros mismos creamos nuestra infelicidad y depresión. Es mejor pensar positivamente: "La enfermedad que experimento tiene su propia causa, quizás yo fui responsable de la enfermedad de otro ser y ahora la experimento como consecuencia; puesto que esta es mi situación debo transformarla en favorable, voy a tomar el sufrimiento de los demás y a darles mi felicidad".

39

Cuando el enfado y el apego nos perturban e
inquietan por más que tratemos de suprimirlos, es
la rueda de armas afiladas que se vuelve contra
nosotros dando un círculo completo, a causa de
los errores que hemos cometido, Hasta ahora,
hemos mantenido puntos de vista incorrectos,
estimándonos obstinadamente sólo a nosotros
mismos; de ahora en adelante, desenraicemos por
completo el propio interés.

El odio y el apego, causados por la ignorancia del aferramiento a lo autoexistente y el egoísmo, nos perturban debido a lo familiarizados que estamos con ellos.

Hasta ahora les habíamos dejado actuar libremente y nos encontramos con que se resisten a ser controlados. Estamos bajo el poder de engaños como el odio, el apego, la ira y tantos otros, que a fuerza de mandar sobre nosotros ahora se sienten los amos de nuestra mente. Se han vuelto reyes poderosos en nuestro interior. Si no nos determinamos a trabajar para subyugarlos, continuarán dominando nuestros actos y motivaciones. Los engaños son conceptos molestos que, como velos, cubren nuestra mente principal. No son uno con ella, sino que tan solo la esconden, Por tanto, son temporales y con el debido esfuerzo, acabarán por desaparecer.

Los factores mentales negativos no están intrínsecamente mezclados con la mente primaria. La suciedad puede mitigar la luz de una bombilla, pero ésta sigue brillando bajo la mugre. Sólo tenemos que limpiarla para que nos ilumine. Del mismo modo, cuando los engaños que apagan el brillo de nuestra mente primaria son erradicados, ésta muestra su verdadera naturaleza: la omnisciencia.

Para poder eliminar los engaños primero hemos de tomar consciencia de sus desventajas y aplicar de inmediato los antídotos apropiados. Algunos piensan que cuando se manifiesta el odio, es mejor darle rienda suelta en lugar de refrenarlo porque así se descarga la tensión creada por el engaño mismo. Pero esta manera de dar solución a los problemas no es correcta, ni demuestra un buen conocimiento de la mente y los engaños que la perturban. Actuando así, sólo perpetuamos el influjo de los engaños sobre nosotros.

40

> Cuando el éxito nos elude y nuestros esfuerzos
> no se ven recompensados, es la rueda de armas
> afiladas que se vuelve contra nosotros dando un
> círculo completo, a causa de los errores que hemos
> cometido. Hasta ahora, internamente, nos hemos
> aferrado a nuestro ego, completamente inmersos en
> la autoestima; de ahora en adelante, dediquemos
> todas las acciones virtuosas que hagamos para que
> los demás puedan prosperar.

Cuando no tenemos éxito y nuestras actividades mundanas o religiosas no prosperan, es debido a motivaciones erróneas. Quizás hemos hecho retiros de alguna deidad de Tantra Superior, pero los resultados de que tanto se habla en los Tantras no han aparecido. Lo único que hay detrás de este fracaso es una motivación bañada por las preocupaciones mundanas.

El sendero Mahayana enfatiza la motivación de beneficiar a todos los seres conscientes, un yogui tántrico debería tener una motivación mayor que la del practicante que sigue el vehículo de la Perfección, de otro modo, el Tantra puede resultar peligroso. Chanaka fue un practicante del Tantra de Yamantaka y recitaba sus *mantras* innumerables veces, pero puesto que su intención estaba polucionada por las preocupaciones mundanas, renació como un *preta* con cabeza de animal. Por esta razón Atisha enfatizaba la práctica del Lam Rim (Las Etapas del Camino). Los principiantes deben practicar según el nivel inicial, al avanzar acceden al nivel medio, y finalmente entran en el vehículo superior. Cualquier otra práctica que no esté incluida en alguno de estos tres niveles no es Dharma ya que el énfasis se centraría en preocuparse por obtener bienestar en esta vida.

41

> Cuando nuestra mente es indomable, aun actuando
> con gran virtud, es la rueda de armas afiladas
> que se vuelve contra nosotros dando un círculo
> completo, a causa de los errores que hemos
> cometido. Hasta ahora nos hemos involucrado en
> las ambiciones mundanas que apuntan a nuestro
> propio éxito en esta vida; de ahora en adelante,
> trabajemos con un esfuerzo puro para alimentar el
> deseo de alcanzar la lejana orilla de la libertad.

Escuchar enseñanzas calma nuestra mente, contemplarlas, disminuye los engaños y meditar en ellas nos proporciona realizaciones. Si aun estando involucrados durante largo tiempo en prácticas virtuosas nuestra mente sigue descontrolada, se puede afirmar que las prácticas no han ido en la dirección adecuada. Si la virtud no nos ayuda a controlar la mente es señal de que algo no va bien, puesto que el objetivo principal de implicarse en prácticas virtuosas es domar la mente.

La causa principal de esta falta de resultados son las preocupaciones mundanas. Si estamos sólo interesados en tener felicidad y riquezas mundanas, la mente seguirá descontrolada aunque practiquemos. Entendemos como actitud mundana, cualquiera cuyo único objetivo sea obtener felicidad en esta vida. Se diferencia de la actividad religiosa en que esta última es realizada con el objetivo de beneficiar las vidas futuras.

Para practicar con pureza nos deberíamos sentir menos atraídos por la comida, la ropa y la buena reputación. Es relativamente fácil superar el apego a la ropa y a la comida, pero es muy difícil apartarse del apego a la buena reputación. Cuando estamos apegados a la reputación, la práctica se ensucia.

La influencia de estos objetivos es una de las causas principales para que la mente continúe indómita. Determinémonos, después de reflexionar sobre las consecuencias de estas acciones erróneas, a concentrar nuestro esfuerzo para trascender el samsara.

Si deseamos liberamos del sufrimiento es preciso generar renuncia, es decir, sentir aversión hacia la naturaleza insatisfactoria del samsara. Cuando estemos plenamente convencidos de que la naturaleza del samsara es insatisfacción, surgirá el deseo sincero de alcanzar el Nirvana.

42

Cuando después de hacer cualquier acción virtuosa
sentimos un profundo pesar o dudamos de su
efecto, es la rueda de armas afiladas que se vuelve
contra nosotros dando un círculo completo, a causa
de los errores que hemos cometido. Hasta ahora,
hemos sido inconstantes y nos hemos dejado
llevar por motivaciones infames. Hemos cortejado
solamente a aquéllos que tenían poder o riqueza;
de ahora en adelante, actuemos con completo
conocimiento de nosotros mismos, poniendo gran
cuidado en la forma en que hacemos amigos.

Confiamos mucho en los amigos y conocidos, pero, por diversas circunstancias, sus mentes cambian y se vuelven contra nosotros. Entonces nos sentimos tremendamente decepcionados de haber sido sus amigos. La causa principal de que dos amigos empiecen a sentir mutua aversión está en su interior y no fuera de ellos. El egoísmo hace que nuestra mente sea inestable y como resultado deseamos cambiar de amistades, tratando siempre de que los nuevos sean mejores que los anteriores. Nuestra pobre motivación es la causante.

Determinémonos a tener más cuidado al tratar con la gente. Dromtompa no sentía orgullo de sus cualidades y realizaciones espirituales, se mostraba siempre muy humilde y modesto y practicaba Dharma según un consejo del texto *Adiestramiento Mental en Ocho Versos*: "Considérate inferior a todos". No cabe duda de que él ponía este verso en práctica; en su época vivía el vagabundo Thangga Be Jung a quien todo el mundo consideraba despreciable, pero Dromtompa se mostró siempre respetuoso con él.

43

Cuando aquellos ambiciosos pagan nuestra amistad
confiada tentándonos con sus tortuosos planes,
es la rueda de armas afiladas que se vuelve contra
nosotros dando un círculo completo, a causa de los
errores que hemos cometido. Hasta ahora, movidos
por la ambición hemos actuado con avaricia;
de ahora en adelante, destruyamos nuestro
egocentrismo.

Hemos de vigilar nuestra avaricia y sus consecuencias, a
menudo la gente miente para aprovecharse de ellas. Si nos
piden dinero diciendo "si me lo prestas te lo devolveré con
intereses", es muy posible que movidos por la avaricia con-
cedamos el préstamo. Si después, nuestro espabilado amigo
no nos lo devuelve, a pesar de que su acción es punible, la
verdadera causa de nuestra pérdida habrá sido la avaricia. La
avaricia causa la ruina. De ahora en adelante deberíamos ser
menos avariciosos y contentarnos con lo que tenemos.

"Rueda del Dharma" significa "la enseñanza última del
Buda para subyugar los engaños de los seres conscientes".
Las enseñanzas sirven para transformar los estados mentales
negativos en positivos. Esa era su intención. Y para conseguir
dicho objetivo es importante escucharlas, investigarlas y, una
vez convencidos de su significado, meditar en ellas.

Como se viene diciendo en anteriores estrofas, si los estados mentales negativos como el apego o el odio, aumentan en
nuestro interior aunque hagamos prácticas para eliminarlos,
es que éstas no son correctas. Estaríamos cayendo en el grave
error de entender el Dharma pero no practicarlo. Si nuestra
práctica de Dharma potencia los engaños, esto indica que
seguimos poseídos por el demonio de los engaños.

Buda Sakyamuni tenía un primo que conocía perfecta-
mente todas las enseñanzas, pero no le sirvieron para subyugar
sus engaños. No las practicaba, sólo las sabía. Para él no eran
más que una fuente de conocimiento. Si este es nuestro caso,
es mucho mejor no practicar nada. Hay mucha gente que

aplica la religión o Dharma de manera errónea. La Historia está llena de ejemplos de destrucción causada por una religión malentendida, no sólo en Europa sino también en India. Si vamos a lugares santos de la India como Nalanda, podemos ver las ruinas de esa gran Universidad Monástica. Esta destrucción que vemos allí es el resultado de haberle dado a la religión un sentido equivocado.

Las enseñanzas del Buda son una herramienta que sirve para eliminar los estados mentales negativos, no un instrumento para ser utilizado contra los demás.

44

Cuando la fuerza de atracción y de repulsión
colorea todo lo que oímos o decimos, es la rueda
de armas afiladas que se vuelve contra nosotros
dando un círculo completo, a causa de los errores
que hemos cometido. Hasta ahora, hemos ignorado
la causa de todos nuestros problemas: la masa
de engaños que mora en nuestro corazón; de
ahora en adelante, tratemos de abandonar todos
los obstáculos, reconozcamos su existencia y
examinémoslos bien.

Las intenciones dañinas están en nuestro corazón y no las causan demonios externos. Como ya se ha dicho antes, cualquier alteración que surja dentro nuestro, como sentir el fuerte deseo de hacer otra cosa cuando estamos meditando, tiene su causa en nosotros mismos.

"Demonio" alude principalmente a cualquier obstáculo originado por el egoísmo, la ignorancia y los demás engaños. También puede referirse a un amigo maligno ya que supondría un obstáculo para la práctica. Determinémonos a abandonar todos los obstáculos.

45

Cuando, a pesar de lo bien intencionadas que
sean nuestras acciones hacia los demás, éstas

tengan una respuesta hostil, es la rueda de armas
afiladas que se vuelve contra nosotros dando un
círculo completo, a causa de los errores que hemos
cometido. Hasta ahora, hemos pagado la bondad
con malicia; de ahora en adelante, aceptemos
siempre los favores de los demás benignamente y
con el más humilde respeto.

Cuando alguien presta su ayuda desinteresada a otros y es
correspondido de manera hostil, aparentemente, es culpa de
los demás, pero examinando bien las causas de esta consecuencia, veremos que se hallan en haber pagado los favores
con malicia.

Cuando experimentemos las consecuencias que se citan
en esta estrofa, hemos de pensar que son el resultado de acciones erróneas que nosotros mismos hemos cometido. Por
tanto, nos determinamos a recordar la amabilidad de todos
los seres conscientes y a pensar en la manera más adecuada de
devolvérsela. Según el Mahayana, esta es la forma de practicar
el amor bondadoso.

46

En resumen, cada vez que los sufrimientos
infortunados que no deseamos se estrellen
contra nosotros como un trueno, seremos
como aquel herrero que se quitó la vida
con la espada que él mismo había forjado.
Nuestro sufrimiento es la rueda de armas
afiladas que se vuelve contra nosotros dando un
círculo completo, a causa de los errores que hemos
cometido. De ahora en adelante, tengamos siempre
cuidado y conocimiento, evitando actuar de forma
negativa.

Los campesinos trabajan con ardor durante meses y, a veces,
pierden toda la cosecha. Algunos hombres de negocios em-
peñan años en sus empresas y acaban arruinados. Los resul-

tados desafortunados vienen sin avisar, de forma repentina, aunque no los deseemos. Ninguno de nosotros desea pasar por un mal trago, pero no siempre podemos eludirlos. Por la mañana estamos sanos y por la noche podemos enfermar gravemente.

Estas desgracias vienen porque en el pasado hemos creado las acciones negativas necesarias para experimentar tales consecuencias. Hay un refrán budista tibetano que dice: "La enfermedad es la escoba que barre las negatividades y obscurecimientos". Cuando estamos enfermos, deprimidos o inmersos en circunstancias adversas, es inútil preocuparse, porque de nada nos servirá. Tal como instruyeron los Maestros Kadampas en su día, lo que tenemos que hacer es transformar estas circunstancias desfavorables en circunstancias propicias para la práctica de Dharma: *tomar* el sufrimiento de los demás y *darles* felicidad. Siempre que atravesemos situaciones críticas hemos de pensar que están madurando las acciones negativas que nosotros mismos hemos creado. Viendo esto, determinémonos a tomar consciencia de las acciones negativas para poder eliminarlas y comprometámonos a no crear más. Toda acción negativa es creada por el egoísmo y el aferramiento a lo autoexistente, y su resultado es sufrimiento en esta vida y en las futuras. Todo lo que experimentamos es nuestra propia creación, nadie puede crearlo por nosotros.

Cuando una persona muere, aunque sus familiares y amigos estén alrededor de su lecho no pueden hacer mucho. Frustrados, miran al moribundo sin poder hacer nada por él. La muerte, como el nacimiento es una experiencia individual que nadie puede compartir. Shantideva dice: "Cuando mueres, tus familiares te rodean con los ojos llenos de lágrimas, pero no pueden ayudarte. Y no sólo los dejas a ellos sino también a lo que más deseas y aprecias: tu cuerpo". Cuando llevan nuestro cuerpo al cementerio nuestra vida habrá sido ya vivida, pero antes de que llegue este momento deberíamos buscar tiempo para meditar en lugares aislados y hacer significativa nuestra existencia.

47

Todos los sufrimientos que hemos soportado en
las vidas transcurridas en los reinos inferiores, así
como nuestros pesares del presente y del futuro,
son parecidos a la historia del forjador de flechas
que fue muerto por una flecha que él mismo había
hecho. Nuestro sufrimiento es la rueda de armas
afiladas que se vuelve contra nosotros dando un
círculo completo, a causa de los errores que hemos
cometido. De ahora en adelante, tengamos siempre
cuidado y conocimiento y nunca actuemos de forma
negativa.

El peor de los estados inferiores es el infernal. Quizá tengamos
la impresión de que se trata de un lugar físico ideado para
sufrir, pero no es así. Shantideva dice: "Los suelos ardientes de
los infiernos no son la creación de nadie. Estos aparecen ante
ti según la intensidad de tus acciones negativas". Lo podemos
entender bien a través de nuestra propia experiencia. Todos
los seres experimentan felicidad y sufrimiento. Lo que para
unos es causa de gran felicidad para otros es sólo un momento
de alegría e incluso a algunos puede causarles sufrimiento.
Lo que a unos les hace estar mal a otros les hace sentir bien.
Si nuestro estado mental es muy negativo, todo a nuestro
alrededor parecerá malo. Por el contrario, cuando la mente
está feliz, cosas que normalmente nos harían sentirnos mal,
pasan desapercibidas. El infierno no está fuera, en un lugar
lejano, sino dentro de tí.

Después de reflexionar sobre las consecuencias devasta-
doras de las mentes negativas, nos deberíamos determinar a
evitar cometerlas en el futuro.

48

Cuando los problemas y preocupaciones de la
vida familiar nos afligen, somos como aquel niño
que fue criado con el más tierno amor y más tarde
mató a sus padres. Nuestro sufrimiento es la rueda

de armas afiladas que se vuelve contra nosotros dando un círculo completo, a causa de los errores que hemos cometido. De ahora en adelante, en todas nuestras vidas, lo apropiado es que vivamos puramente como los monjes o monjas.

La vida familiar puede ser una fuente de continua insatisfacción. Hacemos planes y proyectos para el futuro, pero las circunstancias que nos envuelven hace que todo se desmorone.

Hay casos de personas que trabajan mucho, se mueven de un lado a otro deseando lo mejor para los suyos, pero se matan en un accidente. Trabajamos duramente para "vivir bien" pero el trabajo mismo puede causarnos la muerte. Como el niño que fue cuidado por sus padres con amor y más tarde les mató. Así actúa la rueda de las armas afiladas. Si vivimos como un monje, tenemos muchas ventajas en lo que respecta a practicar Dharma. Un monje auténtico es una persona que ha sido ordenada y que ha decidido abandonar el apego a la vida mundana. Tiene consecuentemente más tiempo y energía y menos obstáculos para practicar.

Buda ensalza las virtudes de vivir como un monje porque si somos puros física y mentalmente nos acercamos rápidamente a la Liberación. Resulta más fácil estar libres del apego hacia las cosas mundanas y la mente es más clara para practicar y obtener la Liberación. Si somos monjes pero seguimos viviendo como la gente mundana, seremos sólo el reflejo de un monje. Sin embargo, estas afirmaciones no deberían provocar confusión ya que, si bien es cierto que una vida mundana o familiar trae consigo muchos problemas, no significa que todos debamos ser monjes o monjas ni que sea imposible liberarse o Iluminarse llevando una vida mundana. De la misma manera que hay diferentes maneras de practicar las enseñanzas de Buda, según sea la capacidad mental de cada uno, esta es otra posibilidad. Incluso en la vida monástica hay diferencias, unos monjes son extremadamente puros, otros lo son menos y muchos que ni siquiera son buenos. La vida de monje no garantiza la Budeidad y en medio de una vida familiar puede haber Liberación.

Hasta aquí se ha venido explicando que los diferentes sufrimientos son causados por el egoísmo. Es muy necesario reconocer que:

49

Como es verdad lo que he dicho sobre el egocéntrico interés, ahora reconozco claramente al bandido que saquea, al mentiroso que tienta, pretendiendo que es parte de mí. ¡Oh, que alivio al haber superado esta duda!

Esta estrofa explica que el egoísmo es como el "amigo" que entra en nuestra casa para robarnos, haciéndonos creer que merecía nuestra confianza. "Pretendiendo que es parte de mí", tiene un gran significado ya que generalmente es difícil distinguir entre el egoísmo y el yo válido. Confundimos el egoísmo con el yo convencional, y nos engaña. El egoísmo está siempre en tu interior pretendiendo ser tu mismo cuando en realidad no lo es.

Aryadeva dijo: "¡Oh egoísmo, me has perjudicado innumerables veces, pero, por fin te he desenmascarado y nunca más te dejaré actuar a tu antojo, pondré todo el esfuerzo de que sea capaz para destruir tu fuerza, fama y poder!" Panchen Losang Choky Gyaltsen, en el *Lama Chopa* dijo: "Por culpa de la enfermedad del egoísmo hemos creado innumerables acciones negativas, por cuya causa experimentamos sufrimientos. Pueda recibir bendiciones para destruir este gran demonio".

Es muy difícil decir cual es la causa principal de la mente maligna. La mente, en sí misma, no tiene principio. No podemos señalar ningún momento y decir: "Aquí empieza", pero si analizamos bien la forma en que nuestra mente cae bajo la influencia del egoísmo, podremos comprender que ella y el aferramiento a lo autoexistente son las causas fundamentales de nuestras mentes dañinas. Estas dos causas se eliminan generando sus oponentes: el amor bondadoso, la compasión, la bodhichita y la sabiduría que comprende la vacuidad.

El primer Dalai Lama, Gendun Drub dijo: "El verdadero enemigo está en tu interior; buscarlo fuera es tan inútil como llevar a cabo un ritual para destruir espíritus malignos en dirección Oeste cuando están en el Este".

Aunque tengamos enemigos y nos perjudiquen, tratemos de pensar que los hemos creado nosotros. ¿Quién los ha convertido en enemigos? Nuestro egoísmo. Somos como niños mimados "¡Los demás se ríen de mí, me insultan, me engañan!" No pensamos que lloriquear es inútil y que si actúan así es porque les hemos perjudicado. Cuando alguien nos perjudica, el daño que recibimos lo ha provocado la persona, que actúa como causa secundaria, pero la causa principal es, sin duda, una acción negativa en esta vida o en las pasadas contra ella.

50

Y de esta forma, Yamantaka, gira con gran poder
la rueda de armas afiladas de las buenas acciones.
Gírala tres veces, con tu aspecto colérico, tus
piernas separadas por los dos niveles de verdad,
tus ojos llameando, abiertos por la sabiduría y los
medios hábiles.

51

Descubriendo tus colmillos, como los cuatro
grandes oponentes, devora al enemigo —nuestro
cruel interés egoísta— con tus poderosos mantras
de estimar a los demás; destruye a ese enemigo que
acecha en nuestro interior.

52

Corriendo frenéticamente en la enmarañada selva
de la vida, somos perseguidos por las afiladas

armas de los errores que hemos cometido que
vuelvencontra nosotros fuera de control; este
astuto y mortal villano, nuestro egoísmo, nos
engaña a nosotros y a los demás. ¡Captúralo,
captúralo feroz Yamantaka, lleva a este enemigo, y
descúbrelo ahora!

53

¡Golpéalo, golpéalo, arranca el corazón de nuestra
codicia por el ego, nuestro amor por nosotros
mismos! ¡Pisotéalo, pisotéalo, baila sobre la cabeza
de este traicionero concepto de interés egoísta!
¡Arranca el corazón de este egocéntrico carnicero
que mata nuestra oportunidad de alcanzar la
liberación final!

Después de reconocer que el egoísmo es el peor enemigo,
suplicamos a Yamantaka que haga girar tres veces la rueda de
las acciones sobre nuestra cabeza. Sus dos piernas representan
los dos niveles de verdad: la convencional y la última. Sus
ojos, ardientes como el fuego, simbolizan la sabiduría y el
método y sus cuatro colmillos, los cuatro poderes oponentes.
Le pedimos que con sus cuatro colmillos, los ojos ardientes
y las dos piernas destruya el egoísmo.

Yamantaka es el rey de todas las deidades iracundas. Hemos de pedirle una y otra vez que destruya nuestro egoísmo.
Los mantras poderosos han de ser utilizados para demolerlo
y no para usar contra los enemigos externos. El egoísmo crea
engaños y acciones contaminadas que nos fuerzan acorrer
frenéticamente en la enmarañada selva de la existencia cíclica.
Por tanto, pedimos a Yamantaka que llame, capture y golpee
a este enemigo hasta destrozarle el corazón.

En los textos budistas encontramos diferentes apodos para
el egoísmo; a veces lo llamamos "pájaro de mal agüero de
cabeza azul". Aquí lo denominamos "concepto traicionero"
porque parece que trabaja para nosotros cuando, en realidad,
nos perjudica en esta vida y en las futuras.

El monasterio de Thagpo en Tíbet pasaba unos momentos difíciles y el Lama principal, Thagpo Rimpoché, uno de los Maestros del incomparable Lama Pabongka Rimpoché, apaciguó la situación empleando las siguientes líneas en el ritual para invocar a los Protectores de Dharma: "Písalo, Písalo", (refiriéndose al egoísmo).

Supliquemos a Yamantaka que subyugue nuestro egoísmo: "Si quieres aterrorizar a alguien aterroriza: al egoísmo y si quieres mostrar tus ojos atemorizantes, muéstraselos al egoísmo, si tienes algún mantra iracundo úsalo contra el egoísmo, si tienes algún arma, por favor, lánzala contra el enemigo interno". También le pedimos que destruya al carnicero egocéntrico.

Hay dos líneas que se repiten una y otra vez: "Pisotéalo, pisotéalo, baila sobre la cabeza de este traicionero concepto de interés egoísta".

54

Hum Hum Hum, Oh poderoso protectormuestra todos tos poderes; Dza Dza, ata a este enemigo, no lo dejes suelto, Pe Pe, Oh, gran Señor más allá de la Muerte. Libéranos por tu poder. Corta, corta, rompe el nudo del interés propio que nos esclaviza.

En este contexto la sílaba *hum* no tiene el mismo significado que en el Tantra Superior, Mente Vajra. Lo que ahora da a entender es: "Coloca el fundamento para destruir todos los engaños inducidos por el egoísmo y el aferramiento a lo autoexistente.

Dza significa "Ven". Suplicamos a Yamantaka que se manifieste y ate al enemigo del egoísmo para que nos deje libres. Otro significado es "golpea". Nemowa, un Gueshe Kadampa experto en la manera de erradicar el egoísmo, antes de sus sesiones de meditación machacaba con una gran piedra el té tibetano y al mismo tiempo recitaba "dza, dza, sobre la cabeza del egoísmo". *Phe, Phe* es una súplica a Yamantaka que viene a decir: "Oh, Señor de la Muerte destruye este egoísmo y libérame". *Phe* significa "destruye". Lo decimos dos veces insistiendo ante Yamantaka para que destruya el egoísmo. Le suplicamos que elimine nuestro egoísmo porque desde tiempo sin principio hemos estado bajo su influencia y el nudo formado por esta actitud es muy difícil de desatar. Es fuerte incluso en nuestros sueños.

55

¡Aparece Yamantaka!, ¡Oh, colérico protector!
Todavía tengo más súplicas que hacerte. Este saco
de cinco venenos, errores y engaños nos arrastra
a lasarenas movedizas del afán diario de lavida;
¡Córtalo! ¡Rásgalo! ¡Hazlo pedazos!

Invocamos la presencia de Yamantaka para explicarle que "este saco de cinco venenos" nos arrastra hacia las arenas movedizas del ansia "el afán diario".

Estos cinco venenos se explican con detalle en los Doce Vínculos de Relación Dependiente. La ignorancia, la acción, el apego, el aferramiento y la existencia son el contenido, mientras que el egoísmo y el aferramiento a lo autoexistente son el "saco" que las contiene. Ambos —el saco y el contenido— nos arrastran hacia las arenas movedizas del sufrimiento y son los responsables de que renazcamos en samsara sin elección.

Motivados por la ignorancia, primer vínculo, creamos acciones contaminadas, segundo vínculo. Éstas quedan en la consciencia en forma de impresiones y en el momento de la muerte son activadas por el octavo y noveno vínculos, el apego o ansia y el aferramiento. Una vez activada, la impresión se convierte en una acción poderosa, que da lugar al décimo vínculo, la existencia y ya está lista para traer su consecuencia.

Puesto que el egoísmo es el recipiente o el saco que contiene los cinco venenos, le pedimos a Yamantaka que la haga pedazos.

El egoísmo no existe fuera sino que está en nuestro interior y es muy difícil identificarla ya que se disfraza de algo que actúa en nuestro favor. Ben Gungyel dijo: "Monto guardia en la puerta de mi mente y con el brazo en alto empuñó la lanza del antídoto para clavarla en los engaños cuando aparecen. Debo ser más rápido que ellos para vencerles. Si no hay engaños a la vista me relajo".

56

Aunque somos arrastrados a los sufrimientos de
renacimientos miserables, inconscientes del dolor,
vamos detrás de su causa. ¡Pisotéalo, pisotéalo,
danza sobre la cabeza del traicionero concepto
de preocupación egoísta! ¡Arráncale el corazón
a este egocéntrico carnicero que mata nuestra
oportunidad de alcanzar la liberación final!

No queremos experimentar sufrimientos, pero seguimos creando sus causas; deseamos ser felices, pero no ponemos las causas necesarias para serlo. Aunque nuestro mayor anhelo es la felicidad, nuestra ignorancia la destruye.

Puesto que el egoísmo es el causante de todos los problemas en samsara, pedimos a Yamantaka que lo pise y baile sobre su cabeza y que despedace el corazón de este carnicero egocéntrico.

57

Tenemos muchas esperanzas de conseguir
rápidos logros, pero no trabajamos lo suficiente
para obtenerlos. Estamos llenos de proyectos
excelentes que ansiamos realizar, pero al final todos
fallan. ¡Pisotéalo, pisotéalo, danza sobre la cabeza
de este traicionero concepto de preocupación
egoísta! ¡Arráncale el corazón a este egocéntrico
carnicero que mata nuestra oportunidad de
alcanzar la liberación final!

Siempre solemos esperar demasiado de los trabajos que llevamos a cabo. Practicamos Dharma condicionados por el deseo de obtener rápidamente resultados fantásticos. Practicamos los *estados de generación* o *consumación* deseando obtener en poco tiempo una visión directa de la deidad. Algunos estudiantes empiezan practicando el linaje Kagyu, al cabo de un tiempo se vuelven Nygmas y más tarde Guelupas. Esta es la manera más segura de no llegar a nada. Si no le dedicamos un esfuerzo constante a una práctica, no llegaremos jamás a su final.

Cuando nos impliquemos en el Dharma o cualquier otro trabajo, no esperemos resultados a corto plazo. Practicar esperando Iluminarse en tres años es absurdo e irreal. Obtener la Iluminación no es tarea fácil. Buda Sakyamuni, que de todos los Budas fue el más perseverante, trabajó durante tres eones para obtenerla.

Kuntang Jampelyang dijo: "Si deseas convertirte en un sabio rápidamente pero permites que tu perseverancia disminuya, no tendrás éxito ni siquiera en las actividades mundanas, cuanto menos en las espirituales. Por tanto, entrégate con una perseverancia continua, como el incesante fluir del agua de un río".

Pedimos a Yamantaka que pise y baile en la cabeza del traicionero concepto egoísta y que le arranque el corazón.

58

Nuestro deseo de ser felices es fuerte en todo
momento, sin embargo, no acumulamos méritos que
produzcan ese resultado. Tenemos poco aguante
ante las aflicciones y los sufrimientos, pero somos
cruelmente empujados por las cosas que deseamos.
¡Pisotéalo, pisotéalo, danza sobre la cabeza de
este traicionero concepto de preocupación egoísta!
¡Arranca el corazón a este egocéntrico carnicero
que mata nuestra oportunidad de alcanzar la
liberación final!

Todos deseamos felicidad, pero para experimentarla hemos de crear sus causas: abandonar las negatividades y realizar acciones positivas. Sin embargo, no llegamos a crear ninguna virtud. Nos cuesta mucho trabajo efectuar acciones positivas pero somos expertos en hacer lo negativo. Cuando se trata de cosas mundanas ponemos mucha energía, y nuestra ansia se multiplica. Nos gustaría tener otra casa mejor, un trabajo mejor, un coche mejor. El origen de esta actitud es el egoísmo. Es propicio pedir ayuda a Yamantaka para acabar con este concepto traicionero. Es verdaderamente importante contentarnos con lo que tenemos y no ser tan avariciosos.

59

Aunque entablamos amistades con cierta
facilidad, somos tan insensibles que ninguna
de ellas dura. Estamos llenos de deseo hacia
los deliciosos manjares y finos ropajes. Y si no
podemos adquirirlos, robamos y maquinamos.
¡Pisotéalo, pisotéalo, danza sobre la cabeza de este
traicionero concepto de preocupación egoísta!
¡Arranca el corazón a este egocéntrico carnicero
que mata nuestra oportunidad de alcanzar la
liberación final!

Hacemos amistad con personas nuevas, pero al cabo de pocos días decrece el interés. Al conocerlas nos sentimos excitados y solo queremos estar próximos a ellas. Y poco tiempo después, ni las saludamos. Al hacer nuevas amistades, éstas no deben ser ni muy próximas ni muy distantes y el grado de interés ni muy frío ni muy caliente. Un dicho tibetano reza así "Cuando una amistad empieza con mucha fuerza, tiene los días contados".

Tenemos ropa y comida suficientes pero estamos descontentos, incluso planeamos apropiarnos de lo que no es nuestro para suplir esta frustración. Dicha actitud la provoca el egoísmo y por ello pedimos con fuerza a Yamantaka que lo destruya.

60

Somos expertos adulando a los demás para
obtener favores, pero siempre nos quejamos,
estamos tristes y deprimidos y no soportamos la
idea de abandonar el dinero que hemos acumulado;
como miserables, lo atesoramos y aun sentimos
que somos pobres. ¡Pisotéalo, pisotéalo, danza
sobre la cabeza de este traicionero concepto
de preocupación egoísta!¡Arranca el corazón
a este egocéntrico carnicero que mata nuestra
oportunidad de alcanzar la liberación final!

Existen algunas formas de vida calificadas como incorrectas:
la hipocresía, la adulación o el soborno, buscar riqueza, es
decir actuar de forma interesada, (hacer pequeños regalos con
el deseo de recibir otros mayores) y por último, pretender que
uno es un ser realizado. Esta última es especialmente negativa
para el practicante de Dharma. Ante nuestros benefactores
pretendemos que somos grandes practicantes, cuando en
realidad no es así.

Si tenemos bienes y propiedades y nos duele utilizarlos,
demuestra que somos muy avariciosos. La avaricia es lo
opuesto a la generosidad. En la *Guía* Shantideva dice: "Si
cuando compartes algo con los demás te preguntas preocupado ¿qué me quedará para mí?, estás demostrando una actitud
egoísta. Pero si cambias el planteamiento pensando ¿cómo
podría compartir todo lo que tengo con los demás?, estarás
practicando tal como lo hacen los Budas".

61

A pesar de que hemos hecho muy poco para
ayudar a los demás, siempre les recordamos que
están en deuda con nosotros. A pesar de que
nunca hemos hecho nada importante en esta
vida, siempre andamos jactándonos y haciendo
ostentación llenos de orgullo. ¡Pisotéalo, pisotéalo,
danza sobre la cabeza de este traicionero concepto

de preocupación egoísta! ¡Arranca el corazón
a este egocéntrico carnicero que mata nuestra
oportunidad de alcanzar la liberación final!

Hemos hecho poco para beneficiar a los demás y aún así somos jactanciosos. Nos gusta presumir incluso de virtudes que no poseemos. Ansiamos ser o hacer aquello que no está a nuestro alcance.

62

Tenemos muchos y grandes Maestros que nos
guían; sin embargo, evitando nuestro deber,
ignoramos lo que enseñan. Tenemos muchos
discípulos, pero no les ayudamos: ni nos
molestamos en darles consejos. ¡Pisotéalo,
pisotéalo, danza sobre la cabeza de este traicionero
concepto de preocupación egoísta! ¡Arranca el
corazón a este egocéntrico carnicero que mata
nuestra oportunidad de alcanzar la liberación final!

Esta estrofa se refiere tanto a los discípulos como a los Maestros. Como discípulos, evitamos nuestro deber y no ponemos en práctica los consejos de nuestros Gurus, cuando lo más importante es practicar lo que el Lama nos enseña. Es el mejor ofrecimiento que le podemos hacer. Si la conexión con el Maestro es fuerte, la Iluminación del discípulo es segura.

Cuanto más puros son los sentimientos que generemos hacia el Lama, más posibilidades tendremos de obtener realizaciones. El Lama es como un Buda en el sentido de que transmite las enseñanzas. Si un Buda viniera a esta Tierra, lo único que podría hacer por los seres sería dar las enseñanzas, y esto es lo que hace el Maestro y por ello debe ser respetado y venerado. Para ser un Guía Espiritual son necesarias muchas cualificaciones, descritas tanto en el Sutra como en el Tantra. Tener un alto nivel espiritual no es suficiente, el Maestro ha de ser poseedor de la riqueza del Linaje ininterrumpido de las instrucciones de las enseñanzas, practicar lo que enseña y dar más importancia a las vidas futuras que a la presente. La mínima cualificación para ser discípulo es estar consagrado al Lama, desear recibir sus enseñanzas y practicar según la propia capacidad.

"Tenemos muchos discípulos, sin embargo nunca les ayudamos". Un Lama debe mostrarse compasivo con sus discípulos y su motivación no debe estar polucionada por los engaños; debe estar libre de mentes como el orgullo o el deseo de reputación. Pidamos a Yamantaka que destruya el concepto traicionero que nos hace ser malos Maestros y malos discípulos.

63

Hacemos gloriosas promesas pero, en la práctica, damos a los demás la mínima ayuda. Nuestra fama espiritual se ha extendido a lo largo y ancho pero, interiormente, todos nuestros pensamientos son de aversión, no sólo hacia los dioses, sino también hacia los demonios y espíritus. ¡Pisotéalo, pisotéalo, danza sobre la cabeza de este traicionero concepto de preocupación egoísta! ¡Arranca el corazón a este egocéntrico carnicero que mata nuestra oportunidad de alcanzar la liberación final!

Por culpa de su egoísmo, tanto el Lama como el discípulo prometen hacer muchas prácticas de Dharma, que nunca llevan a cabo. Desean ver cómo su reputación crece como la espuma, aunque en realidad no son merecedores de tales elogios. Nuestra fama puede esparcirse por todo el mundo pero si no tenemos la práctica, esto provoca que incluso los dioses mundanos y demonios se rían de nosotros.

64

Hemos leído muy poco y oído solamente unas pocas enseñanzas, sin embargo, hablamos sobre la vacuidad con descarada autoridad. Nuestro conocimiento de las escrituras es lamentablemente nulo. Con todo, locuazmente inventamos y decimos

lo que nos place. ¡Pisotéalo, pisotéalo, danza
sobre la cabeza de este traicionero concepto
de preocupación egoísta! ¡Arranca el corazón
a este egocéntrico carnicero que mata nuestra
oportunidad de alcanzar la liberación final!

Las prácticas de escuchar, contemplar y meditar deben sucederse en este orden. Escuchar y contemplar enseñanzas es primordial para establecer su significado correcto en la mente. A continuación, y para obtener una experiencia, meditamos en este significado. Meditar sin haber escuchado enseñanzas es como intentar escalar una montaña con las manos atadas ala espalda. Si alguien que ha oído pocas enseñanzas, movido por la arrogancia, habla de ellas con autoridad, su charla es vacía. "Hablamos sobre vacuidad con descarada autoridad", puede aplicarse también a otros temas de Dharma de los que hablamos sin tener una verdadera comprensión. De este modo engañamos a la gente pretendiendo saber mucho cuando en realidad carecemos de conocimiento espiritual. Comportarse así es producto del egoísmo.

65

Cuando colaboradores y gente a nuestro servicio
hacen caso omiso de nuestras opiniones y no
acatan nuestras órdenes; cuando los amigos
poderosos nos abandonan a nuestra suerte al
solicitar su ayuda. ¡Pisotéalo, pisotéalo, danza
sobre la cabeza de este traicionero concepto
de preocupación egoísta! ¡Arranca el corazón
a este egocéntrico carnicero que mata nuestra
oportunidad de alcanzar la liberación final!

Tenemos a mucha gente alrededor y sin embargo, nadie nos hace caso. Esto es consecuencia del egoísmo porque hemos tratado a nuestros asistentes y a la gente que nos rodea despectivamente. Incluso quienes parecen ser nuestros amigos desaparecen cuando los necesitamos. Una vez más, es la rueda de las armas afiladas que vuelve contra nosotros. Thagpu Dordge Chang, gran Maestro que tenía visiones directas de Tara, compuso esta súplica. "Los amigos mundanos nos ayudan según las condiciones, si son buenas, podemos contar con ellos y si no lo son, nos dan la espalda. Pero a tí Tara, te venero porque me ayudas sin condiciones".

66

Hemos alcanzado altas posiciones y rango
prestigioso, sin embargo, nuestro conocimiento es
más pobre que el de un espectro. Nos consideramos
grandes Gurus, pero ni los demonios albergan tanto
odio, ni un deseo tan anhelante, ni un punto de
vista tan cerrado como el que tenemos nosotros.
¡Pisotéalo, pisotéalo, danza sobre la cabeza de
este traicionero concepto de preocupación egoísta!
¡Arranca el corazón a este egocéntrico carnicero
que mata nuestra oportunidad de alcanzar la
liberación final!

Algunos gozan de un elevado prestigio, aunque su conocimiento es pobre. Hay Gurus muy reconocidos que están controlados por engaños y cuya actitud es desastrosa. La historia nos cuenta que ha habido practicantes religiosos capaces de enviar expediciones militares destinadas a masacrar a los herejes. La causa principal de esta actitud era su egoísmo.

67

Hablamos de teorías y de avanzadas enseñanzas;
sin embargo, nuestra conducta diaria es peor que
la de un perro. Somos instruidos, inteligentes,
versados en grandes conocimientos, pero la base
ética de la sabiduría se la lleva el viento. ¡Pisotéalo,
pisotéalo, danza sobre la cabeza de este traicionero
concepto de preocupación egoísta! ¡Arranca el
corazón a este egocéntrico carnicero que mata
nuestra oportunidad de alcanzar la liberación final!

Algunos practicantes pretenden estar en posesión de la elevada visión del Dzog Chen o la Madhyamika, pero su comportamiento es nefasto. Ni siquiera en el caso de que nuestras experiencias sean elevadas, debemos permitirnos un comportamiento inapropiado porque, sin una base ética, es imposible generar sabiduría.

68

> Estamos llenos de deseos egoístas y de un enojo
> horrible que se ulcera en nuestro interior, pero
> nunca lo admitiríamos. Sin motivo criticamos a los
> demás y santurronamente les increpamos a ellos
> por las faltas que nosotros mismos poseemos.
> ¡Pisotéalo, pisotéalo, danza sobre la cabeza de
> este traicionero concepto de preocupación egoísta!
> ¡Arranca el corazón a este egocéntrico carnicero
> que mata nuestra oportunidad de alcanzar la
> liberación final!

Nuestro egoísmo nos hace desear con fuerza obtener provecho de cualquier situación y para ello estamos dispuestos a utilizar todo tipo de artimañas, desde la adulación hasta la hipocresía. Si con ello obtenemos beneficio, ni siquiera nos importa pasar por encima de nuestros amigos y mucho menos si son desconocidos o enemigos. Pero para generar la bodhichita debemos ser muy firmes en nuestra determinación de ayudar siempre a los demás según las dos líneas de *Los Ocho Versos* de Langri Tangpa: "Ofrezco a los demás la victoria y acepto sin rencor la derrota". Aunque ésta debería ser nuestra actitud, por culpa del egoísmo, carecemos de ella y de la determinación de generarla. Supliquemos a Yamantaka para que aplaste este concepto traicionero.

69

> Vestimos hábitos de color azafrán y sin embargo,
> buscamos protección y refugio en los espíritus y
> dioses de este mundo. Hemos prometido mantener

> solemnes votos de estricta moralidad, pero
> nuestras acciones, propias de demonios, no son
> más que costumbres viciosas. ¡Pisotéalo, pisotéalo,
> danza sobre la cabeza de este traicionero concepto
> de preocupación egoísta! ¡Arranca el corazón
> a este egocéntrico carnicero que mata nuestra
> oportunidad de alcanzar la liberación final!

No es correcto que un monje busque protección en espíritus o dioses mundanos. Tomar los votos de monje nos compromete a no apoyarnos en dioses mundanos y a seguir la disciplina basada en tomar refugio en las Tres Joyas. Refugiarse en dioses mundanos va en contra de los compromisos de refugio.

Aunque a veces los dioses mundanos son muy efectivos y proporcionan cierta ayuda, no deberíamos refugiarnos en ellos. Prometimos solemnemente mantener los votos, pero empujados por el egoísmo, nuestras acciones son nefastas. Es conveniente pedir a Yamantaka que destruya nuestro egoísmo.

70

> Nuestro gozo y felicidad vienen de los Budas, los
> Gurus y las enseñanzas, y también de aquéllos que
> viven por ellas; sin embargo, hacemos ofrecimientos
> a espíritus y espectros. Toda nuestra guía proviene
> de las enseñanzas, pero dañamos a quienes nos
> dan tan buen consejo. ¡Pisotéalo, pisotéalo, danza
> sobre la cabeza de este traicionero concepto
> de preocupación egoísta! ¡Arranca el corazón
> a este egocéntrico carnicero que mata nuestra
> oportunidad de alcanzar la liberación final!

A pesar de que sabemos que de las Tres Joyas provienen todos los logros, hacemos ofrecimientos a los espíritus. Quizá en Occidente ésta sea una práctica poco común, pero en Asia muchos matan animales para hacer ofrecimientos a los espíritus, esperando su ayuda. Tal vez piensan que practican una religión, pero su filosofía básica es errónea porque causan dolor a otros seres. El Budadharma está basado en la compasión y la no violencia. Perjudicar a cualquier ser es un error.

Las enseñanzas del Buda son nuestro verdadero Maestro, si las seguimos nos guiarán hacia un sendero correcto. Si en lugar de dejarnos guiar por las enseñanzas buscamos en otro lado, estamos engañando a las Tres Joyas. Nuestra protección auténtica son Buda, Dharma y Sangha. Pidamos a Yamataka que destruya el egoísmo que nos impulsa a refugiarnos en dioses mundanos.

71

> Buscamos un lugar alejado para hacer nuestro retiro monástico y sin embargo, arrastrados por las distracciones, nos aventuramos hacia el pueblo. Los discursos que oímos nos enseñan la más noble práctica y aun así, malgastamos nuestro tiempo diciendo la buenaventura con los dados. ¡Pisotéalo, pisotéalo, danza sobre la cabeza de este traicionero concepto de preocupación egoísta! ¡Arranca el corazón a este egocéntrico carnicero que mata nuestra oportunidad de alcanzar la liberación final!

Por "retiro monástico" no deberíamos entender tan solo un monasterio sino cualquier lugar recluido, apropiado para la vida meditativa. No obstante, aunque físicamente estemos apartados, si la mente está llena de distracciones no será un verdadero retiro.

En una ocasión, el benefactor de un meditador que vivía en retiro le pidió consejo a su protegido, sobre cómo construir una casa. El meditador le contestó: "Lo pensaré cuando medite". Y aunque pasaba horas recitando *mantras*, dándole mucho trabajo a la lengua, su mente estaba lejos del lugar de retiro, pensando en la casa de su benefactor.

El objetivo principal de estar recluido es evitar distracciones físicas y mentales. Las ciudades están llenas de gente y ruidos y no son muy apropiadas para la meditación. Las enseñanzas que recibimos están pensadas para ser estudiadas, contempladas y meditadas porque sólo así es posible tener realizaciones. Si en vez de ello nos dedicamos a hacer rituales extraños y adivinaciones, estamos perdiendo el tiempo.

Cuando alguien ha tomado refugio en las Tres Joyas no debería dejarse guiar por astrólogos o adivinadores. El hacerlo es una prueba evidente de que no confiamos plenamente en Buda, Dharma y Sangha. Si buscamos a alguien para que adivine nuestro futuro, es a causa del egoísmo. Pero esto no debe ser tomado al pie de la letra hasta el punto de pensar que ir al astrólogo va contra el refugio, sería así si nuestra fe en él superase la fe en las Tres Joyas. Esta estrofa pone de manifiesto la firmeza que debe impregnar la práctica de refugio.

72

Abandonamos los votos monásticos, el verdadero camino para alcanzar la libertad; preferimos casarnos, formar un hogar y tener hijos. Lanzamos al viento esta preciosa oportunidad de ser felices y perseguimos mayores sufrimientos, mayores problemas y mayores aflicciones. ¡Pisotéalo, pisotéalo, danza sobre la cabeza de este traicionero concepto de preocupación egoísta! ¡Arranca el corazón a este egocéntrico carnicero que mata nuestra oportunidad de alcanzar la liberación final!

Tomamos los votos de monje, pero poco tiempo después decidimos abandonarlos y llevar una vida familiar. Somos incapaces de ser consecuentes con nuestras promesas y determinaciones. Antes de tomar cualquier tipo de voto hemos de calibrar si podemos mantenerlo o no. Una vez decididos y nuestra mente esté preparada para ello, los tomamos confiados y seguros de no romperlos. De otro modo, es mejor no tomarlos. El monje que sigue y respeta sus votos camina por el sendero que lleva a la Liberación. Por otro lado, si la vida monástica no le satisface a causa de sus propios engaños y decide abandonar los hábitos, cae en una grave infracción. Si después se casa y tiene hijos, crea una situación propicia para tener dificultades. Sin embargo, un padre o madre de familia puede seguir manteniendo los votos del Bodhisatva y los Tántricos. Abandonarlos sería aún más grave que abandonar solamente los de monje.

El objetivo principal de hacerse monje es poder practicar Dharma intensamente. Abandonar los votos para casarse es como echar la felicidad por la ventana e ir directos hacia el sufrimiento. Esto también es producto del egoísmo.

73

> Dejamos de lado la práctica para alcanzar la
> liberación, vamos sin rumbo en busca de placer
> o negocios. Hemos obtenido cuerpos humanos
> con dones preciosos, y sin embargo, sólo nos han
> servido para conseguir renacimientos inferiores.
> ¡Pisotéalo, pisotéalo, danza sobre la cabeza
> de este traicionero concepto de preocupación
> egoísta! ¡Arranca el corazón a este egocéntrico
> carnicero que mata nuestra oportunidad de
> alcanzar la liberación final!

La práctica no debe ser abandonada bajo ningún concepto. "Práctica" en este contexto se refiere a la disciplina ética, el fundamento de la Liberación. Si abandonarnos la ética, que es la causa de toda felicidad, para irnos a lugares lejanos en busca de una dicha que jamás encontraremos, es porque estamos motivados por el egoísmo.

Utilizar este cuerpo humano para crear causas negativas es un desperdicio imperdonable. No hacer uso del gran potencial que nuestra base humana representa y abandonar la disciplina moral, es consecuencia del egoísmo, por ello suplicamos a Yamantaka.

74

Ignorando los resultados que las enseñanzas
pueden brindarnos, viajamos deseosos de obtener
ganancias. Dejando atrás los sabios consejos de
nuestrosGurus, visitamos diferentes lugares en
busca de beneficios. ¡Pisotéalo, pisotéalo,
danza sobre la cabeza de este traicionero
concepto de preocupación egoísta!¡Arranca el
corazón a este egocéntrico carnicero que mata
nuestra oportunidad de alcanzar la liberación
final!

No es correcto llevar un negocio con el único fin de obtener
provecho y olvidar las enseñanzas. Nos involucramos en
diversas actividades sin recordar los consejos recibidos de
nuestros Maestros por causa del egoísmo. Pedimos a Yamantaka que destruya al traicionero enemigo que nos priva de la
oportunidad de practicar.

75

Guardamos lo que tenemos y nunca encontramos
una ocasión que merezca utilizarlo, obtenemos
comida y ropa de los amigos aprovechándonos de
su amabilidad. Escondemos la herencia de nuestro
padre, sacando de los demás lo que podemos.
¡Pisotéalo, pisotéalo, danza sobre la cabeza de
este traicionero concepto de preocupación egoísta!
¡Arranca el corazón a este egocéntrico carnicero
que mata nuestra oportunidad de alcanzar la
liberación final!

Nos resistimos a gastar lo que tenemos, guardándolo con
avaricia y vamos subsistiendo "gorreando" a los demás. Esta
actitud es el colmo del egoísmo. Si éste fuese nuestro modo
de vida, todas las prácticas, retiros y estudios de Dharma
serían como una burla. Esta forma de vida incorrecta puede
darse tanto entre monjes como entre laicos. Recemos con

vehemencia a Yamantaka para que nos ayude a cortar con la avaricia propiciada por el egoísmo.

76

Es sorprendente la poca paciencia que tenemos
a la hora de meditar y sin embargo, pretendemos
disfrutar de poderes especiales; así engañamos
a los demás. Aunque no hemos ni siquiera
vislumbrado los caminos de profunda sabiduría,
perdemos el tiempo yendo de un lado a otro en
busca de teorías inútiles. ¡Pisotéalo, pisotéalo,
danza sobre la cabeza de este traicionero concepto
de preocupación egoísta! ¡Arranca el corazón
a este egocéntrico carnicero que mata nuestra
oportunidad de alcanzar la liberación final!

Carecemos de la suficiente paciencia para meditar y sin embargo, nos las damos de clarividentes. Ni siquiera oteamos los profundos caminos y en lugar de entregarnos a la práctica seguimos buscando teorías insignificantes y raras.

77

Alguien nos da un consejo desde lo profundo
de su corazón, para nuestro bien, pero suena
como un disparo en nuestros oídos y con enojo le
despreciamos como si de nuestro peor enemigo se
tratase. Sin embargo, cuando alguien sin verdadero
sentimiento hacia nosotros, engañosamente, nos
dice aquellas cosas que nos gusta oír, pagamos su
hipocresía con amabilidad. ¡Pisotéalo, pisotéalo,
danza sobre la cabeza de este traicionero concepto
de preocupación egoísta! ¡Arranca el corazón
a este egocéntrico carnicero que mata nuestra
oportunidad de alcanzar la liberación final!

Frecuentemente respondemos con enfado a los buenos consejos y con agrado a las malas intenciones disfrazadas de elogios. El Maestro tibetano Kuntang Tempe Drolme dijo en una ocasión: "Odias a los que pretenden ayudarte y amas a los que te perjudican". En el primer caso la persona se compara a un grupo de nubes negras que traen buena lluvia para el campesino: y en el segundo a una hueste de nubes que son el presagio de una terrible sequía.

78

Cuando los demás depositan en nosotros su
confianza y nos revelan con la mayor reserva sus
secretos, nosotros traicionamos su sinceridad
divulgando lo que sabemos, especialmente a sus
adversarios. Sutilmente, herimos a los amigos,
localizando sus puntos débiles para poder
atormentarlos. ¡Pisotéalo, pisotéalo, danza
sobre la cabeza de este traicionero concepto
de preocupación egoísta! ¡Arranca el corazón
a este egocéntrico carnicero que mata nuestra
oportunidad de alcanzar la liberación final!

Aunque la familia debería ser lo más importante, revelamos secretos familiares a los extraños. Sabemos cosas que nadie sabe de otros y en lugar de guardar celosamente el secreto, lo contamos a quién no deberíamos. De esta manera les hacemos vulnerables frente a quienes les desprecian. También somos expertos en buscar defectos en los demás y echárselos en cara para herir sus sentimientos. Estas actitudes ruines y despreciables no nos son tan ajenas, pensemos sino en ello. Como en los casos anteriores sólo el egoísmo es responsable de tales bajezas. ¡Decidámonos a acabar con él de una vez!

79

Nuestros celos son tan fuertes que ponemos en
tela de juicio cualquier cosa que se dice y miramos
escépticos al responsable de tales opiniones.
Somos exigentes, de mal carácter y difíciles de
tratar. Nuestro comportamiento con los demás es

odioso. ¡Pisotéalo, pisotéalo, danza sobre la cabeza
de este traicionero concepto de preocupación
egoísta! ¡Arranca el corazón a este egocéntrico
carnicero que mata nuestra oportunidad de
alcanzar la liberación final!

Nuestra envidia es tan fuerte que, aún sin fundamentos razonables, nos afanamos en destruir el prestigio de los demás. Somos escépticos, estamos llenos de concepciones negativas y nuestro mal temperamento nos impide convivir en armonía con los que nos rodean. Somos difíciles de tratar y esto es una fuente inagotable de problemas. Como el agua de esta fuente, el egoísmo no deja de fluir. Pidámosle a Yamantaka con todas nuestras fuerzas que nos ayude a destruirlo.

80

Cuando alguien nos pide un favor, no somos nada
complacientes, al contrario, elaboramos métodos
sutiles y tortuosos que puedan perjudicarle.
Aunque los demás coinciden y están de acuerdo
con nuestro punto de vista, no nos conformamos
y seguimos discutiendo, deseosos de demostrar
una inteligencia superior. ¡Pisotéalo, pisotéalo,
danza sobre la cabeza de este traicionero concepto
de preocupación egoísta! ¡Arranca el corazón
a este egocéntrico carnicero que mata nuestra
oportunidad de alcanzar la liberación final!

La primera parte del verso se refiere al caso hipotético de alguien que está en un apuro y es perseguido por otros que quieren ajusticiarle. Sin importarnos demasiado si es culpable o inocente, seríamos capaces de delatarle o de urdir un plan para que lo atraparan. Las graves consecuencias que podría sufrir la persona por nuestra culpa nos traerían sin cuidado.

La segunda parte del verso nos habla de las desventajas que la soberbia y el mal carácter acarrean. El egoísmo nos hace intratables, destruye la armonía y llena de crispación al entorno en que nos movemos.

81

No escuchamos las opiniones de los demás.
Convivir con nosotros es una desgracia y agotamos
la paciencia de cualquiera. Sentimos heridos
nuestros sentimientos con la menor observación
y no perdonamos sino que guardamos en nuestro
corazón viejos rencores. ¡Pisotéalo, pisotéalo,
danza sobre la cabeza de este traicionero concepto
de preocupación egoísta!¡Arranca el corazón
a este egocéntrico carnicero que mata nuestra
oportunidad de alcanzar la liberación final!

Es muy difícil convivir con una persona incapaz de aceptar sus propias faltas, que se defiende hiriendo a los demás, es rencoroso y no perdona. Nos sentimos muy buenos, pero estas actitudes son habituales en nosotros, tanto que incluso las justificamos y nos parecen necesarias. Vamos por la vida cubiertos con corazas de espinas que dañan a los demás. Estas conductas están muy alejadas del ideal del Bodhisatva y, ciertamente, viviríamos mejor sin ellas. Puesto que son causadas por el egoísmo, supliquemos de nuevo a Yamantaka para que lo destruya.

82

Siempre celosos de los que están por encima de
nosotros y gozan de una posición privilegiada,
sentimos que los Santos Gurus son una amenaza
que hay que evitar. Abrumados por el apego, nos
asaltan las pasiones y perdemos todo nuestro
tiempo codiciando amores jóvenes. ¡Pisotéalo,
pisotéalo, danza sobre la cabeza de este traicionero
concepto de preocupación egoísta! ¡Arranca el
corazón a este egocéntrico carnicero que mata
nuestra oportunidad de alcanzar la liberación final!

Impulsados por el orgullo, sentimos envidia de los que tienen una posición superior a la nuestra, despreciamos a los que están por debajo y competimos con nuestros iguales. El orgullo es un defecto muy perturbador y poderoso. Bloquea nuestra mente para aceptar buenos consejos y nos incapacita para recibir enseñanzas de cualquier índole.

Hay dos tipos de orgullo, uno de ellos es necesario, pero el otro está de más. Deberíamos sentirnos orgullosos por ejemplo, de tener un perfecto renacimiento humano y poder utilizarlo para practicar Dharma. En el Tantra nos visualizamos a nosotros mismos como una Deidad y generamos orgullo por serlo, este orgullo es necesario y positivo. Pero pensar que atributos como la riqueza, belleza o conocimiento nos hacen superiores a otros, es un concepto negativo que nos priva de aprender y superarnos.

El apego a las pasiones y a los "jóvenes amores" nos hace estar deseosos de nuevas y excitantes experiencias, pero no nos damos cuenta de que un amor sólo es joven muy poco tiempo. En lugar de tratar de sustituirlo por una nueva pasión, aprendamos a seguir amando. El amor decae a causa del egoísmo; si lo vencemos, nuestro amor hacia los demás será siempre joven.

83

No consideramos a las amistades como un
compromiso a largo plazo y tratamos a los viejos
compañeros con irreflexiva negligencia. En cambio,
cuando entablamos amistad con el extraño,
tratamos de impresionarle con ampulosas maneras.
¡Pisotéalo, pisotéalo, danza sobre la cabeza de
este traicionero concepto de preocupación egoísta!
¡Arranca el corazón a este egocéntrico carnicero
que mata nuestra oportunidad de alcanzar la
liberación final!

Muy a menudo dejamos de lado a los viejos amigos que, deberíamos cuidar y proteger. Cuando nos cansamos de ellos o las cosas no van bien, les dejamos para cambiarlos por otros. Una persona así es considerada frívola y de poco fiar, tanto si sus amistades son mundanas como espirituales.

84

Carecemos de clarividencia y sin embargo, mentimos
fingiendo poderes. Cuando se descubre el engaño,
tenemos que soportar todas las burlas. Carecemos
de compasión incluso por los más allegados y
cuando desatinan, rápidamente les increpamos.
¡Pisotéalo, pisotéalo, danza sobre la cabeza de
este traicionero concepto de preocupación egoísta!
¡Arranca el corazón a este egocéntrico carnicero
que mata nuestra oportunidad de alcanzar la
liberación final!

Hoy, como en tiempos pasados, son muchos los que se jactan de tener poderes aún careciendo de ellos. Esta es una de las negatividades más graves. Si un monje comete esta infracción es expulsado del monasterio y obligado a dejar los hábitos.

Parece que sentimos verdadero placer al despreciar a otros. Esperamos su mínimo error para atacarles, señalar sus faltas y hacer burla de ellas. Esto es un signo claro de la poca compasión que sentimos por los demás. La responsable, una vez más, no es otra que la propia actitud egoísta. Es urgente pedirle a Yamantaka que destroce a este carnicero inmundo que nos separa de los demás.

85

Tenemos una pobre instrucción y un limitado
conocimiento. Al hablar, estamos inseguros
de nosotros mismos. Nuestra erudición sobre
las escrituras es muy precaria pero, cuando
escuchamos nuevas enseñanzas, dudamos de
que sean de verdad. ¡Pisotéalo, pisotéalo, danza
sobre la cabeza de este traicionero concepto
de preocupación egoísta! ¡Arranca el corazón

a este egocéntrico carnicero que mata nuestra
oportunidad de alcanzar la liberación final!

Tenemos pocos conocimientos de Dharma pero pretendemos estar capacitados para enseñar a los demás. Para poder enseñar hace falta conocer a fondo las enseñanzas y para ello necesitamos escuchar y estudiar sin descanso las escrituras. Sólo así podremos enseñar con confianza y seguridad. Cuando no tenemos muchos conocimientos nos sentimos incapaces y transmitimos este sentimiento al que nos escucha. Es importantísimo escuchar y estudiar las enseñanzas. Muchos creen que no existe relación entre la práctica de la religión y el estudio. Esto es absurdo. Siendo hábiles en adoptar y transmitir las enseñanzas del Buda, podremos llevar a las personas a la Budeidad.

Ciertas personas que carecen de una buena base de conocimiento del Dharma, movidos por su egoísmo, critican a los practicantes de otras escuelas y desaprueban sus prácticas.

86

Convertimos en hábito el enojo y la pasión, y despreciamos a todos los que se cruzan con nosotros. Convertimos en hábito el resentimiento y los celos y negamos la valía de los demás desprestigiando su conocimiento. ¡Pisotéalo, pisotéalo, danza sobre la cabeza de este traicionero concepto de preocupación egoísta! ¡Arranca el corazón a este egocéntrico carnicero que mata nuestra oportunidad de alcanzar la liberación final!

Muchas veces, sin motivos aparentes, estamos de mal humor y los que nos rodean pagan nuestro enojo sin tener ninguna culpa. ¿Cómo podemos tener paz si nosotros mismos creamos crispación donde vamos? El egoísmo es la causa de estas actitudes.

Como se comenta en el verso, la envidia es especialmente destructiva, es como tener una espina clavada en el corazón que nos mueve a criticar y desear lo peor a quienes son objeto de nuestros celos. Para ser un practicante budista sincero, es importante generar buenos deseos hacia los demás, reconocer sus buenas cualidades y evitar criticarlos. Si nos cuesta alabarlos, tratemos al menos de no censurar sus actos.

87

No seguimos los procedimientos adecuados para
el estudio; consideramos inútil leer los profundos
textos religiosos. Sentimos que no tiene valor
aprender de los Gurus desdeñamos las enseñanzas
orales y pensamos que nosotros sabemos más.
¡Pisotéalo, pisotéalo, danza sobre la cabeza de
este traicionero concepto de preocupación egoísta!
¡Arranca el corazón a este egocéntrico carnicero
que mata nuestra oportunidad de alcanzar la
liberación final!

Sin un estudio programado y regular no conoceremos el Dharma y si no lo conocemos, pensaremos que estudiar es inútil. Para meditar correctamente es imprescindible estudiar. De otro modo, cómo podríamos adentrarnos en las sutiles materias que han de ser objeto de meditación. Actualmente, el concepto de meditación está bastante confuso y muchos llaman meditar a algo que no es. Piensan que la meditación no tiene nada que ver con el estudio y están completamente equivocados. Para un budista, todo lo que el Buda enseñó ha de ser practicado, no podemos tomar sólo lo que nos gusta y aislarlo del contexto que le corresponde. Para comprender el significado de las enseñanzas del Buda, es necesaria la ayuda de un Maestro. Sólo confiándonos a su guía podremos adquirir un verdadero conocimiento del Dharma. Ahora, cuando las enseñanzas que recibimos no cuadran con nuestras ideas, las criticamos y llegamos a creer que nosotros las interpretaríamos mejor. Pedimos a Yamantaka que pise al carnicero del egoísmo ya que, por su culpa, no nos entregamos sinceramente al estudio y práctica del Dharma.

88

No estamos acertados al transmitir las enseñanzas
de las Tres Cestas, pero en cambio hacemos
hincapié en teorías inventadas por nosotros
mismos. Puesto que carecemos de convicción y de
fe profundas en las enseñanzas, cualquier cosa
que decimos confunde a los discípulos. ¡Pisotéalo,
pisotéalo, danza sobre la cabeza de este traicionero
concepto de preocupación egoísta! ¡Arranca el
corazón a este egocéntrico carnicero que mata
nuestra oportunidad de alcanzar la liberación final!

Todas las enseñanzas de Buda están incluidas en las Tres
Cestas: Vinaya, Discursos y Abhidharma. Para aspirar a ser
un Maestro budista cualificado, es imprescindible entender
el profundo significado de las tres. Ninguna enseñanza o
interpretación de las mismas que se contradiga con las Tres
Cestas, puede ser considerada una enseñanza budista. Tenemos tendencia a inventar teorías pretendiendo que forman
parte de las Tres Cestas. Pero no son verdaderas enseñanzas
sino están basadas en la palabra del Buda o en los comentarios
auténticos dados por Maestros cualificados.

Para ser un practicante sincero es importante generar una
intención pura hacia los demás, ver sus buenas cualidades y
evitar criticarlos. Si no podemos ver sus buenas cualidades, al
menos no los critiquemos. También es imprescindible generar
una profunda admiración hacia nuestros Maestros Espirituales.
No llevar a cabo estos consejos es sólo por egoísmo. Pidamos
a Yamantaka que cumpla con el trabajo de eliminarlo.

89

No condenamos las acciones indiscretas e
inmorales; en cambio, dudamos e intentamos
encontrar defectos en las excelentes enseñanzas y
en las obras de los grandes Maestros. ¡Pisotéalo,
pisotéalo, danza sobre la cabeza de este traicionero
concepto de preocupación egoísta! ¡Arranca el

> corazón a este egocéntrico carnicero que mata
> nuestra oportunidad de alcanzar la liberación final!

En lugar de ensalzar aquellas acciones consecuentes con las instrucciones del Dharma, nos complacemos en halagar las actitudes contrarias. No abandonemos los buenos consejos que nos son útiles en esta vida y en las futuras. Puesto que esta actitud está causada por el egoísmo, esforcémonos en eliminarla.

90

> Nunca nos avergüenza actuar de forma vil, sólo los
> hechos respetables nos causan rubor ¡Pisotéalo,
> pisotéalo, danza sobre la cabeza de este traicionero
> concepto de preocupación egoísta!¡Arranca el
> corazón a este egocéntrico carnicero que mata
> nuestra oportunidad de alcanzar la liberación final!

No sentimos vergüenza por acciones que nos traen la desgracia a nosotros, a nuestros padres, amigos, Maestros y Budas. Pero nos ruborizamos al ser vistos ayudando a un pobre mendigo. Si nos consideramos muy elegantes, pero nuestros padres son vulgares, renegamos de ellos frente a nuestras amistades y no sentimos la menor vergüenza frente a esta actitud. Lo que sí nos da bochorno es tener que mostrar respeto a alguien que nos supera en alguna aptitud. Lo correcto es mostrar respeto a nuestros padres, Maestros y a cualquiera que tenga más conocimientos.

91

> Escapamos a nuestras obligaciones porque el
> comportamiento incorrecto nos tiene cupados
> permanentemente. ¡Pisotéalo, pisotéalo, danza
> sobre la cabeza de este traicionero concepto
> de preocupación egoísta! ¡Arranca el corazón
> a este egocéntrico carnicero que mata nuestra
> oportunidad de alcanzar la liberación final!

En vez de importarnos lo verdaderamente trascendente, nos dedicamos a cosas insignificantes. No hacemos lo que deberíamos hacer, pero nos encantan todas las actividades inapropiadas. El egoísmo nos impulsa a desaprovechar nuestro potencial humano y a no darnos cuenta de que somos entes temporales.

Hasta aquí, todos los versos nos han hecho reflexionar sobre las desventajas del egoísmo, fuente de insatisfacciones, desgracias y sufrimiento.

> *92*
>
> ¡Oh poderoso destructor del demonio del egoísmo!, cuyo cuerpo de sabiduría está libre de cualquier atadura. Ven Yamantaka, blandiendo tu maza con un cráneo en el extremo, signo de sabiduría de vacuidad y bienaventuranza. Esgrime ahora tu arma feroz sin ningún recelo, y hazla girar coléricamente tres veces alrededor de tu cabeza.

Nos hemos percatado por fin de que la culpable de todas nuestras desgracias es el egoísmo. "El demonio del egoísmo es nuestro destructor". Una vez eliminado, el enemigo interno desaparece para siempre. En el futuro no volverá a manifestarse ni un solo momento.

Ahora que hemos comprendido quién es el verdadero culpable de nuestros problemas, ha llegado la hora de destruirlo. Si no aprovechamos este momento, seguirá perjudicándonos.

Pedimos a Yamantaka, poseedor del Cuerpo de Sabiduría, que nos ayude a destrozar nuestro egoísmo. Le necesitamos porque nuestros enemigos: la autoestima y el aferramiento a lo autoexistente, son muy poderosos y él, en su forma iracunda, tiene poder para destruirlos. Le suplicamos que utilice su arma para acabar con ellos. Para cortar con el aferramiento a lo autoexistente meditamos en la carencia de autoexistencia. Una vez eliminado el egoísmo y los demás engaños, no volverán a aparecer. Es muy acertado pedirle ayuda a Yamantaka, porque es una manifestación de la sabiduría suprema que comprende la vacuidad directamente. Cuando la sabiduría del Buda se manifiesta como deidad iracunda, aparece Yamantaka. La forma pacífica de esta sabiduría es Manyushri. Le pedimos que haga girar su maza tres veces y la arroje a la cabeza del aferramiento a lo autoexistente y el egoísmo.

93

Con toda tu fuerza ven y aplasta a este asqueroso
enemigo. Revienta los conceptos del ego con el gran
poder de tu sabiduría. Con tu iluminada compasión
protégenos del sufrimiento y de las miserias
causadas por nuestras egocéntricas acciones.
Destruye nuestro egoísmo de una vez por todas.

Hacemos súplicas intensas y fervorosas para acabar con la ignorancia. Pero sólo conseguiremos eliminarla haciendo uso del arma más poderosa: la sabiduría que comprende el vacío.

Pedimos a Yamantaka que nos proteja del sufrimiento con la ayuda de su gran compasión y que destruya el egoísmo de una vez por todas.

94

Acaba completamente con nuestro interés egoísta,
ahogándolo con todo el sufrimiento que los demás
experimentan. Los sufrimientos de los demás
surgen de los cinco venenos: toma cualquier engaño
que aflija a otros seres para ahogar nuestros
engaños.

Esta oración de súplica está vinculada a la práctica de *tomar* y *dar*. Hay innumerables seres en samsara y todos experimentan intensos sufrimientos; hacemos oraciones de súplica para que sus males sean superados y sirvan para aplastar nuestro interés egoísta. También suplicamos para que penetren en nosotros sus cinco venenos: apego, odio, ignorancia, orgullo y duda engañosa.

95

Aunque ya no dudamos de cual es la raíz de todos
nuestros errores, si aún quedase una parte de la
mente que pudiera tender a apoyar este engaño,
entonces, destruye tan firme apoyo de esta
parte de nuestras mentes. Pues, contra nuestros
verdaderos deseos, todavía hace de nosotros unos
estúpidos.

Nos hemos dado cuenta de que el aferramiento a lo auto-existente es la raíz de los cinco venenos y de todo el sufrimiento. Este hecho se hace evidente gracias a la sabiduría que comprende la naturaleza última de la realidad, que es la vacuidad. Es preciso subyugar este engaño principal ya que, si no lo hacemos, de nada sirve pedirle a Yamantaka que destruya algo que nosotros mismos alimentamos. Aunque existen antídotos temporales para superar el apego, el odio y demás engaños, lo único que los corta de cuajo es la sabiduría que comprende directamente el vacío. Usar dicha sabiduría es desenraizar el árbol del aferramiento a lo autoexistente; aplicar un método temporal sería como cortarle sólo las ramas.

96

Todas las faltas tienen una misma fuente: nuestro
egoísmo. Meditemos a partir de ahora en la
amabilidad de los demás, aceptando el sufrimiento
que ellos nunca desearon, debemos dedicar sin
recelo todas nuestras virtudes a los demás.

La raíz de todos los problemas es el aferramiento a la existencia inherente y el egoísmo mientras que ser amables con los demás es la causa de toda excelencia. Trabajemos duro para poner en práctica esta actitud.

97

Aceptamos en nosotros todas las acciones
engañosas y carentes de virtud de cuerpo, palabra
y mente realizadas por los demás en el pasado,
presente y futuro. Ojala puedan éstas convertirse
en las condiciones favorables necesarias para
obtener la Iluminación y lleguemos a ser como
los pavos reales que se ceban con las plantas
venenosas.

El egoísmo nos destruye en esta vida y en las futuras, y para
eliminarlo hemos de practicar constantemente *tomar* y *dar*.
Tomar el sufrimiento de los demás y darles nuestra felicidad.
Practicando constantemente seremos capaces de convertir
el egoísmo en amor por los demás. Quien aspira a llegar a
la Iluminación, necesariamente ha de generar la actitud de
estimar a los demás.

Aunque llevamos a cabo la práctica de *tomar y dar* por
medio de la recitación de versos, siguen apareciendo engaños
como el odio, la envidia, el apego, etc. Pero aún así, cuando
surjan, es el momento de practicar, sólo así disminuirán hasta
llegar a desaparecer. "Que maduren en mí los sufrimientos de
los demás y todos ellos obtengan la Budeidad". Esta súplica
está conectada con la práctica de *tomar*.

98

Al igual que los cuervos pueden curarse después
de haber ingerido veneno tomando a tiempo un
antídoto, dediquemos a los demás todo nuestro
mérito y ojala pueda éste ser causa para que
aumente su posibilidad de libertad.

Damos a los demás nuestras virtudes del pasado, presente y
futuro, así como nuestro cuerpo y bienes, e imaginamos que
todos experimentan paz y felicidad temporal y última.

Si un cuervo ha ingerido veneno está condenado a morir
a menos que le demos un antídoto. Nosotros estamos con-

denados a sufrir por alimentarnos de los engaños pero, si aplicamos un remedio a tiempo conseguiremos liberarnos. Igual que el cuervo se cura tomando la medicina, nosotros nos liberamos dando nuestras virtudes a los demás y liberándoles de su sufrimiento.

99

Hasta que llegue el momento en que todos los seres maternales y yo mismo alcancemos las condiciones perfectas para ser Budas, aunque la fuerza de nuestras acciones nos impulse a través de los seis estados de renacimiento, ojala podamos ser capaces de ayudarnos unos a otros a mantener nuestro punto de mira fijo en la orilla de la Iluminación.

Hacemos esta oración de súplica para poder alcanzar la Budeidad nosotros mismos y los demás. Mientras no llegue este momento, nos comprometemos a ser bondadosos y a no negar jamás nuestra ayuda a cualquier ser vivo, haciendo todo lo que esté en nuestra mano para que se aproximen a la Iluminación.

100

Aunque sea por el bien de un solo ser consciente, renazcamos alegremente en los tres reinos inferiores con una conducta Iluminada y que ésta nunca se debilite. Conduzcamos a todos los seres fuera de los miserables renacimientos en que se hallan y alejémosles de su dolor.

Esta estrofa da fe de nuestra fuerte determinación. Panchen Losang Choky Gyaltsen pronunció un verso similar en el *Lama Chopa.* En él manifestaba la intención de ayudar a toda costa, incluso en los infiernos, a cualquier ser que lo necesite.

101

> Tan pronto como nos encontremos en su reino, que
> los guardianes de los infiernos vengan y nos vean
> como Gurus. Que las armas de tortura que esgrimen
> se conviertan en flores; que todo daño cese y que
> la paz y la felicidad florezcan.

Con esta oración de súplica manifestamos el fuerte deseo
de que todo lo que hace sufrir se transforme en motivo de
alegría.

102

> Que incluso los seres infernales desarrollen
> clarividencia y tomen renacimientos más altos, como
> hombres o como dioses, y generen el fuerte deseo
> de ser Budas; que devuelvan nuestra amabilidad
> prestando atención a las
> enseñanzas; que nos consideren como a sus
> Gurus y confíen esperanzados en nosotros.

Generamos el deseo de dar enseñanzas a todos los seres con el
fin de devolver su amabilidad. Despertamos el deseo de llegar
a la Budeidad para poder devolver a todos ellos la amabilidad
que nos han brindado, dándoles enseñanzas para que lleguen
al estado Iluminado.

Muchas de las oraciones de los Bodhisatvas son medios
para fomentar el deseo de ayudar a los demás y aumentarlo
ilimitadamente. Cuando Shantideva dice: "Ojalá el suelo de
los infiernos calientes se transforme en un jardín", no significa
que sus palabras se vayan a hacer realidad, pero ayudan al
practicante a desarrollar amor y compasión.

Hasta esta estrofa Dharmarakshita enfatizaba las desventajas
del egoísmo, los beneficios del altruismo. El objetivo del resto
del texto tiene como objetivo hacernos entender la vacuidad
o bodhichita última. Todo lo explicado hasta ahora estaba
pensado para dirigirnos a la bodhichita convencional.

103

Que todos los seres conscientes de los tres reinos
superiores perfeccionen su meditación en la
ausencia del ego y puedan de esta forma realizar la
no autoexistencia del samsara y Nirvana. Que fijen
su concentración en ambos por igual, viendo sus
naturalezas como vacías.

Hacemos súplicas para que los seres que habitan en los tres
reinos superiores perfeccionen la sabiduría que comprende
la vacuidad, unida a la bodhichita. Esta unión nos libera del
samsara y del Nirvana parcial. Rezamos para poder comprender la naturaleza innata de la mente.

Para analizar cualquier fenómeno es importante conocer
primero dos estados mentales específicos. La mente que
conoce la realidad última, se halla en un estado especial
denominado "la sabiduría que analiza la naturaleza última
del fenómeno". Con ella analizamos y tratamos de encontrar
"aquello" que parece existir sólidamente en los objetos y personas, pero no lo encontramos. El otro estado mental a que
se hacía referencia es el que conoce la realidad convencional;
es decir, la forma en que existen los fenómenos y personas
cuando no aplicamos el análisis último.

Así pues, hacemos súplicas para que los seres comprendan
la naturaleza de la mente subjetiva y la igualdad del Nirvana
y el samsara. Debemos entender por "igualdad" la vacuidad
de existencia inherente de todos los fenómenos.

104

Practicando estos métodos pronto venceremos a
nuestros verdaderos enemigos: el egoísmo y los
falsos conceptos basados en la autoexistencia.
Así, uniendo en la meditación la sabiduría no dual
de la vacuidad y el gozo ¿cómo no se van a lograr
las causas para alcanzar el cuerpo físico de un
Buda y su fruto, la Budeidad?

Si comprendemos la naturaleza última del objeto y del sujeto, superaremos los dos enemigos: el aferramiento a la existencia inherente y los engaños. El primero se va eliminando cuando aprendemos a mirar con el ojo de la sabiduría. Y esta sabiduría es la causa principal del Cuerpo de Sabiduría de un Buda. Sin embargo, para obtenerlo necesitamos además la bodhichita, el método que es la causa del Cuerpo de la Forma de un Buda.

105

> ¡Oh, mente!, comprende que los temas aquí
> discutidos son fenómenos interdependientes, pues
> las cosas deben supeditarse a la dependencia
> para existir, no pueden mantenerse por sí solas. El
> proceso de cambio es fascinante como la magia, la
> forma física no es más que una apariencia mental,
> igual que un círculo en llamas formado por una
> antorcha girando velozmente.

Todo lo que se ha explicado en el texto es un fenómeno interdependiente; es decir, depende de causas, partes y condiciones para existir. Si algo es un efecto necesariamente depende de sus causas porque, sin éstas, no se produciría tal efecto. Si hablamos de montañas, como de cualquier otra cosa, decimos "esta montaña", "aquella montaña" como si no existiera relación entre ambas. Sin embargo, "esta" existe en relación a "aquella". Son interdependientes: sin una no existe la otra.

Del mismo modo, la persona existe en función de sus bases de designación. Según sean nuestros agregados, se nos designa con diferentes nombres. Puesto que todas las cosas surgen dependiendo de causas, partes o condiciones, se puede afirmar que los fenómenos no existen inherentemente. Si fuera así no dependerían de todas estas cosas. Los fenómenos no existen inherentemente porque surgen dependiendo de algo. Los fenómenos dependen de algo porque no existen inherentemente.

A pesar de que las cosas no existen de modo inherente, a nosotros nos parece lo contrario. En este sentido, los fenómenos que conocemos son falsos, porque los vemos como inherentes, cuando son vacíos. Es preciso conocer todos los puntos que favorecen la comprensión de la vacuidad para utilizarlos en el análisis. Cuando miramos una casa, el concepto "casa" parece no depender de nada, cuando en realidad depende de todas aquellas cosas que la componen, paredes, techo, ladrillos, etc.

Si hacemos girar una antorcha muy deprisa parece que haya un círculo de fuego, pero no es así. Del mismo modo las cosas parecen autoexistentes aunque no lo son. Es como ver nuestro reflejo en un espejo, vemos nuestra cara, parece que está allí, pero no hay ningún rostro que exista por su propio lado en el interior del espejo.

Cuando miramos la televisión, nos da la impresión de que la persona que nos habla está ahí, frente a nosotros, pero cuando lo analizamos nos damos cuenta fácilmente de que no es más que una imagen que depende de muchos factores.

106

No hay nada substancial en la fuerza vital de alguien, se desmenuza como un tronco empapado por el agua; tampoco hay nada substancial en el lapso de vida de alguien, se desvanece en un instante como una burbuja de espuma. Todas las cosas de este mundo no son más que apariencias nebulosas; al examinarlas de cerca, se desvanecen. Como los espejismos, todas estas cosas parecen encantadoras en la distancia, pero cuando nos acercamos a ellas, no las podemos encontrar.

"No hay nada substancial", significa que nuestro espacio de vida parece largo pero, en realidad, disminuye a cada instante. Somos impermanentes y, aunque lo sabemos, vivimos ignorando este hecho. Mucha gente muere joven. Las causas de la muerte son innumerables y esto demuestra la incertidumbre

Manyushri

de nuestra vida, tan frágil como una burbuja. Las cosas de este mundo no son más que apariencias nebulosas porque, en términos de análisis último, no se pueden encontrar. Cuando el sol se pone, todo va quedando invadido por la penumbra, pero si buscamos este fenómeno no podemos señalar nada concreto ni en el cielo, ni en la tierra para poder decir "¡ahí está la penumbra!" Lo mismo ocurre con los fenómenos, son como un espejismo. En el desierto es frecuente percibir agua donde no la hay, aparece a lo lejos un lugar hermoso pero cuando uno se acerca, se desvanece la visión.

107

Las cosas son como imágenes reflejadas en
un espejo y, sin embargo, pensamos que son
reales, muy reales. Las cosas son como niebla, o
como nubes sobre una montaña, pero estamos
convencidas de son firmes y estables. Nuestro
enemigo, el aferramiento a la visión distorsionada
del yo y nuestro carnicero, el interés egoísta,
se nos muestran como todas las cosas, como
intrínsecamente existentes, aunque nunca lo han
sido en absoluto.

El aferramiento a lo autoexistente es como una imagen en un espejo, como una nube en la montaña, como un espejismo. Estos fenómenos parecen firmes y sólidos pero al buscar esta "solidez" no damos con ella. Este tipo de ignorancia –nuestro sentido de yo– parece formar parte de nosotros; lo sentimos como algo muy nuestro, pero a pesar de que sentimos que lo poseemos, si analizamos bien vemos que nunca ha existido, por muy concreto y real que parezca.

108

Aunque parecen concretas y reales nunca lo han
sido, en ningún momento, en ninguna parte. No
hay nada a lo que le podamos dar un valor último,
aunque tampoco debemos negar su verdad relativa.

Puesto que nuestro apego por el ego y el amor
por nosotros mismos carece de fundamentos
sustanciales independientes, ¿cómo pueden
producir actos que existen por sí mismos?, y ¿cómo
puede este cruel círculo vicioso de sufrimiento,
fruto de tales acciones, ser real en su esencia?

109

Todas las cosas carecen de existencia inherente
y, sin embargo, tal como la cara de la luna refleja
su imagen en una taza de agua clara, los diversos
aspectos de causa y efecto aparecen en este
mundo relativo como reflejos. Por tanto, por favor,
en este mundo de apariencias, estemos siempre
seguros de que nos comportamos con virtud y
evitemos todo aquello que pudiera causarnos gran
dolor.

110

Vemos nuestros cuerpos carbonizados por las
llamas del mundo, en una explosión estelar, que
no es más que una horrible pesadilla. Aunque esta
penosa prueba no está sucediendo realmente,
somos presa de un gran temor y gritamos. De
manera similar, los renacimientos desafortunados
en los infiernos o como espectros no existen
verdaderamente, pero podemos experimentar por
completo su dolor. Así, temiendo sufrimientos
como el de quemarse vivo, acabemos con todas las
acciones que producen este resultado.

Las cosas parecen concretas pero no lo son, sólo existen convencionalmente ya que dependen de otras. Que las cosas no
existen inherentemente no significa que no existan, existen
pero en *dependencia* de causas, partes y condiciones. Si las
cosas no existen inherentemente, ¿cómo podría funcionar
la ley de causa y efecto? Como se ha dicho, las cosas existen

dependiendo de causas, partes y condiciones, como el reflejo de una luna en un estanque. Volviendo a la pregunta, aunque los diversos aspectos de causa y efecto no existen de modo inherente, sí existen de modo convencional, engañosamente. Utilicemos el ejemplo del reflejo de la luna en el estanque. Usando el análisis último, la luna no está en el agua, pero convencionalmente sí está. A pesar de que el mecanismo del *karma* no existe inherentemente, sí existe convencionalmente, dependiendo de una serie de causas. Por tanto, el funcionamiento de la ley del *karma* es real y palpable.

Algunos practicantes piensan que no merece la pena preocuparse demasiado por generar la bodhichita y conseguir la sabiduría que realiza la vacuidad. Pero quien piensa así no es más que una sombra de lo que debería ser, un auténtico practicante, pues cultivando estas dos cualidades, no importa el tantra que practiquemos –el *estado de consumación* de Guhyasamaya, el Mahamudra o el Dzog Chen– obtendremos experiencias verdaderas.

La mayor dificultad con que nos encontramos ahora para comprender la naturaleza última de los fenómenos es que al percibir un objeto, éste parece existir por sí mismo, sin depender de nada y nos aferramos a esa apariencia como si fuera la auténtica naturaleza del objeto. Esto es el aferramiento a lo autoexistente, a la existencia inherente. Este aferramiento a la existencia inherente se proyecta hacia dos áreas: la persona y los fenómenos. Aprehendemos el "yo" o cualquier otro objeto del mismo modo. Puesto que este aferramiento ignorante es la raíz de la existencia cíclica hemos de abandonarlo aplicando un antídoto correcto: aprehender el objeto de manera completamente contraria. La ignorancia lo aprehendería como autoexistente, mientras que el antídoto lo haría como *no* autoexistente, como no dependiente, teniendo una existencia intrínseca, de su propio lado.

Cuando se habla de la vacuidad, se suele dar el ejemplo de un trozo de cuerda rayada enroscada en una habitación oscura. Una persona entra en la habitación y, en la penumbra, confunde la cuerda con una serpiente. Aunque no se trata más que de una cuerda, se asusta tanto que sale corriendo. En este momento la persona se aferra con fuerza a una serpiente que no existe. Una vez fuera, alguien le explica que su miedo es infundado, que no hay serpientes. Vuelve a entrar en la habitación para analizar de cerca lo visto y se da cuenta de su error. El concepto "serpiente" que había tomado tanta fuerza, en pocos segundos se desvanece. Era una concepción equivocada, no existía. Así es como nosotros aprehendemos todos los objetos, les conferimos una forma de existencia de la que carecen, y esta carencia es la vacuidad. Están vacíos de esta existencia adicional que les conferimos.

Si soñamos que nuestra casa arde, nos asustamos y el sueño se convierte en pesadilla. Sufrimos, aunque en realidad estamos durmiendo. No es más que un sueño pero, mientras dura, nuestra angustia es real. De una manera parecida, existen renacimientos desafortunados en los infiernos, o en el reino animal, pero ni los unos ni los otros existen inherentemente. No son la creación de nadie. Son sólo el efecto de las acciones negativas creadas por el que los experimenta.

111

Cuando nuestras mentes deliran, ardiendo de fiebre, sentimos que nos precipitamos hacia el fondo de un pozo negro cuyas paredes se van estrechando cuanto más profundamente caemos. De forma similar, aunque nuestra oscura ignorancia carece de existencia propia, debemos usar los tres tipos de sabiduría para eliminar esta constricción que nos estrangula.

Cuando alguien tiene fiebre puede llegar a tener alucinaciones. De manera similar y debido a que no comprendemos las diversas naturalezas de los fenómenos, los percibimos equivocadamente. Caemos en el error de percibir como permanentes fenómenos que son impermanentes y, aunque, no existan de modo inherente, así es como los aprehendemos.

Todas las concepciones mentales erróneas son a causa de la ignorancia.

Podemos eliminar el aferramiento erróneo por medio de las tres sabidurías: la que surge de escuchar, de contemplar y de meditar. Hemos de escuchar enseñanzas relativas al vacío, contemplarlas a través del análisis para, finalmente, meditar en ellas.

112

Cuando los músicos tocan una hermosa melodía,
debemos examinar el sonido que producen;
veremos que no existe en sí mismo. Pero cuando
distraídos no hacemos un análisis formal,
escuchamos una hermosa cadencia aunque no es
más que una etiqueta sobre las notas y los músicos
que las interpretan. Por esto, la música hermosa
tiene la virtud de aliviar la tristeza de los corazones.

Los objetos de las consciencias sensoriales son muchísimos pero todos ellos tienen dos aspectos diferentes: La apariencia y la existencia. Cuando vemos un objeto de los sentidos no percibimos más que la manera en que aparece, no podemos penetrar ni comprender su naturaleza última o existencia verdadera.

Cuando escuchamos la interpretación de una bonita canción, suena melodiosa. Tenemos la fuerte impresión de que estos sonidos existen por sí mismos, pero si nos preguntamos, "¿de dónde viene el sonido?, ¿de los dedos del músico?, ¿existe en las cuerdas de la guitarra?", no podemos encontrar la melodía por más que busquemos. Esta es una clara indicación de que carece de existencia intrínseca. Pero esto no significa que la melodía no exista en absoluto, existe y alegra los corazones tristes.

Todos los fenómenos existen en base al mero nombre. Las nominaciones hacen posible la existencia del sujeto, la acción y el objeto. Por ejemplo, al presidente de un país, se le conoce públicamente como "el Presidente", sin embargo, este título no es innato a la persona que lo ostenta, no ha nacido con él. De ser así, ya desde su nacimiento se le habría llamado "Presidente". Esta persona ha llegado a su cargo por una serie de méritos propios y porque el pueblo lo ha elegido dándole su voto. Así pues, nominamos algo o, en este caso, a alguien sobre una base de imputación correcta. No podemos llamar Presidente a una persona que no reúne las condiciones necesarias para serlo: haber sido propuesto, elegido y finalmente investido como Presidente de un país. Sólo colocamos la etiqueta del nombre sobre una base correcta.

113

> Cuando examinamos atentamente los efectos y sus causas, vemos que ambos carecen de existencia inherente; no pueden mantenerse por sí solos, ni juntos ni separados. Sin embargo, parecen existir sucesos que aparecen y desaparecen, los cuales, de hecho, están condicionados por diversas fuerzas, componentes y partes, Es a este nivel que experimentamos el nacimiento, la muerte y cualquier otra circunstancia que la vida comporte, Por tanto, por favor, en este mundo de apariencias, estemos siempre seguros de que lo que creamos es virtud y evitemos aquellas acciones que pudieran causarnos dolor.

Ningún fenómeno, incluyendo la causa y el efecto, existe de modo inherente, si fuera así debería ser de modo automático uno con el fenómeno en sí o inherentemente separado de él. Para que algo exista, debe ser uno o separado.

Si algo existe siendo inherentemente uno, no debería tener conexión con su base de imputación (el fenómeno en concreto), debería existir independientemente y sin relación con la base. Por ejemplo, una persona es imputada en base a sus cinco agregados, (forma, sensación, discernimiento, factores composicionales y consciencia). Gracias a estos agregados se imputa el término "persona". Si las bases de imputación y el fenómeno imputado, "persona" existieran de modo inherente como uno, no se podría diferenciar entre los agregados y la persona. Y además, al haber cinco agregados, debería haber cinco personas.

Por el contrario, si fuera inherentemente diferente podríamos aprehender el "yo" o persona sin depender de los agregados, la base de imputación. Cuando comprendemos que los fenómenos ni existen siendo inherentemente uno ni separados, tenemos la experiencia de que los fenómenos no existen de modo inherente sino convencional, porque surgen, permanecen y decaen. En el contexto de la mera nominalidad, las cosas existen y experimentamos felicidad o sufrimiento según sean sus causas.

114

Cuando un recipiente se ha llenado por el gotear
del agua, no lo han llenado únicamente las primeras
gotas, ni tampoco las últimas gotas. Se ha llenado
por una acumulación interdependiente de causas
y fuerzas que se han unido; el agua, la fuente, el
recipiente y las otras cosas.

115

Ocurre lo mismo cuando experimentamos placer
o dolor, consecuencia de nuestro pasado.
Los efectos nunca provienen de las primeras
acciones causales, ni tampoco de las últimas.
Placer y dolor son el resultado de acumulaciones
interdependientes de fuerzas y causas combinadas.
Por tanto, por favor, en este mundo de apariencias,
estemos siempre seguros de que creamos virtud y
evitamos aquellas acciones que pudieran causarnos
dolor.

Cuando un recipiente está lleno, no son ni las primeras gotas ni las últimas las que lo han llenado sino la continuidad del agua. Cuando creamos acciones, sean positivas o negativas, éstas dependen de muchas condiciones.

Para experimentar su resultado completo hace falta haber completado todos los factores de una acción: objeto, intención, acción y consumación. Si una acción no virtuosa es realizada con sólo uno de los factores, no experimentamos la consecuencia total de la negatividad.

116

> Cuando no hacemos investigaciones formales
> valiéndonos de la lógica y dejamos sencillamente
> que los acontecimientos de la vida fluyan, aunque
> nuestros sentimientos sean de placer, la verdad
> última es que esta apariencia de felicidad carece
> de existencia inherente. Sin embargo, en el nivel
> operativo de cada día, esta apariencia tiene
> una verdad relativa. Comprender este profundo
> significado será, lamentablemente, muy duro para
> personas con poca capacidad.

En términos de visión filosófica, Dharmarakshita, el autor de estos versos, fue un practicante del vehículo inferior budista durante mucho tiempo, pero posteriormente cambió su visión y adoptó la Madhyamika, que es la que explica aquí.

Cuando las apariencias cotidianas no se examinan detenidamente, a veces se nos antojan muy atractivas y otras veces desagradables. Nada de lo que percibimos con nuestras consciencias sensoriales es verdadero, en el sentido de que no existe de la manera en que lo conocen nuestros sentidos. Cosas que parecen muy atractivas, dejan de serlo si las analizamos. Otras parecen desagradables pero al investigar vemos que no son más que una proyección mental.

Nos aferramos a lo que nos atrae, exagerando este atractivo de modo desmesurado. Si el objeto fuese intrínsecamente atractivo, debería serlo para todos sin excepción. Pero tenemos cientos de ejemplos de cosas que nos gustan a nosotros pero desagradan a otros.

Lo mismo ocurre a la inversa, con los objetos desagradables. Pensamos que nuestros enemigos son odiosos, pero si este defecto fuese innato en ellos, todos los demás deberían odiarles también.

Esta es una clara indicación de que los fenómenos son sólo una creación del pensamiento aunque parecen existir por su propio lado. El objeto aparece como autoexistente a las consciencias sensoriales e inmediatamente después, la consciencia mental se aferra a esta información deformada.

La consciencia mental que percibe los objetos de acuerdo a su propia naturaleza es "la sabiduría que comprende la vacuidad". Es un conocimiento muy profundo y el método principal para liberamos del samsara. Dada su profundidad, una persona con pocos méritos tendrá dificultades para comprenderla.

Para entender el vasto significado de la vacuidad, deben escucharse muchas enseñanzas y analizarlas una y otra vez. Este proceso produciría una comprensión indirecta de la vacuidad. Para tener una comprensión intuitiva es muy importante contemplar y meditar.

Cuando se llega al estado de sabiduría ininterrumpida (de equilibrio meditativo) en que conocemos directamente el vacío ya no hay apariencia convencional, el concepto de existencia inherente no se manifiesta y sólo percibimos el vacío.

117

> Ahora, cuando intentamos contemplar de cerca la
> vacuidad, no podemos tener siquiera un sentimiento
> de verdad convencional. Sin embargo, ¿qué puede
> tener una verdadera autoexistencia?, y ¿qué puede
> carecer de verdad relativa?, ¿cómo puede alguien,
> en alguna parte, creer en tales cosas?

Todos los fenómenos están desprovistos de estos cuatro extremos: 1) existencia inherente, 2) existencia independiente, 3) existir como una combinación de existencia inherente y existencia independiente y 4) como combinación de no existencia inherente y no existencia independiente.

Nagaryuna nos hace entender el mismo punto diciendo que la existencia de los fenómenos no puede establecerse: 1) por el lado del objeto, 2) como producto de otros, 3) por la combinación de los dos primeros y 4) por la falta de causas.

Nadie puede asegurar que exista una combinación de los cuatro extremos. Si algo existe de modo inherente significaría que no existe en relación a otras cosas porque tendría una existencia propia.

118

> Los objetos de la vacuidad carecen de autoexistencia y la vacuidad de los objetos es la misma. Evitar la negatividad y practicar la virtud están igualmente desprovistos de existencia independiente. De hecho, en conjunto, carecen completamente de toda proyección mental y preconcepción. Si conseguimos enfocar nuestra clara concentración en la vacuidad sin que la mente se extravíe, entonces llegaremos a ser seres verdaderamente especiales, con una honda comprensión de la más profunda vacuidad.

Tanto el objeto como su naturaleza (la vacuidad) no existen de modo inherente. Si el objeto no existe de modo inherente, no podemos decir que su naturaleza lo haga. Si el objeto y su naturaleza no existen de modo inherente, podemos afirmar que la virtud y la negatividad carecen también de autoexistencia.

Los fenómenos son, por naturaleza, carentes de autoexistencia. No es que antes existieran de modo inherente y que ahora dejen de hacerlo. Todos los fenómenos están innatamente desprovistos de existencia inherente o de elaboraciones inherentes. A pesar de que se usan diferentes términos para definir este concepto en las distintas escuelas budistas, como el Dzog-Chen en la Nygma, Gran Pureza en la Kagyu, o vacuidad en la Guelupa, en realidad todas se refieren a la misma idea de ausencia de existencia inherente. Sólo después de comprender el vacío directamente tenemos la experiencia espontánea que nos capacita para percibir todos los fenómenos como vácuos, como carentes de existencia propia incluso fuera de la meditación. Cuando esta experiencia espontánea de la vacuidad se apoya en la bodhichita, máxima expresión del amor y la compasión por los demás, el estudiante se convierte en un auténtico practicante mahayana.

119
Practicando de esta forma las dos bodhichitas,
la última y la convencional, y completando sin
interferencias las acumulaciones de sabiduría y
mérito, que todos nosotros podamos alcanzar
rápidamente la completa Iluminación y nos sea
concedido lo que nosotros y los demás deseamos.

Practicando las dos bodhichitas se integran la acumulación de méritos y la sabiduría. Poseyendo ambos, obtenemos el Cuerpo de la Forma de un Buda –Rupakaya– para poder beneficiar a los demás; y el de Sabiduría –Dharmakaya– para beneficio propio.

El gran yogui indio Dharmarakshita compuso estos versos con el objetivo de destruir su egoísmo. Lo hizo mientras vivía en la jungla rodeado de animales salvajes. Pero el poder de su bodhichita era tan fuerte que éstos, en lugar de atacarle, se mostraban sumisos.

Sabía que al llegar una época degenerada como la que nos toca vivir a nosotros, estas enseñanzas serían sumamente útiles, como podremos comprobar si las ponemos en práctica.

Dharmarakshita transmitió estas enseñanzas a Atisha y éste a Dromtompa. Atisha confiesa que a pesar de haber tenido que pasar por muchas aflicciones a lo largo de su vida, estas enseñanzas le sirvieron para controlar y dominar su mente. Y añade que estas enseñanzas están más allá de cualquier idea sectaria. Todo el mundo puede practicarlas y puesto que muestran cómo transformar las circunstancias adversas en favorables, capacitan a cualquiera para llegar ala Budeidad.

Glosario

Acciones y sus efectos (*Karma*). La palabra sánscrita karma literalmente significa acción. El factor mental "intención" es el karma auténtico. Por la fuerza de la intención creamos acciones con nuestro cuerpo, palabra y mente. El efecto de las acciones virtuosas es felicidad y el resultado de las acciones negativas es sufrimiento.

Agregado. Los diversos componentes físicos y mentales de los que consta una persona: forma, sensación, discernimiento, consciencia y factores composicionales.

Arya. Literalmente, "Un Ser Noble". Alguien que ha progresado en el sendero espiritual hasta el punto en que ha obtenido una comprensión o realización directa de la vacuidad.

Arhat. Un ser liberado que está libre de los engaños y ha obtenido el Nirvana.

Bardo. Estado intermedio entre la muerte el renacimiento.

Bendiciones. Oleadas de inspiración. Gracia. La influencia que emana de un Ser Iluminado y que inspira el practicante en su práctica espiritual.

Bodhisatva. Un ser que ha generado la mente espontánea de la bodhichita. Desde el primer momento en que el practicante genera la bodhichita no artificial o genuina, se vuelve un Bodhisatva y entra en el Sendero de Acumulación. Un Bodhisatva ordinario es alguien que aún no ha realizado la vacuidad directamente; un Bodhisatva superior es quien ha obtenido una realización directa del vacío.

Buda. Un ser que ha abandonado completamente todos los engaños y sus impresiones.

Buda Sakyamuni. Es el cuarto de los Mil Budas que aparecerán en este mundo. Los primeros tres fueron Krakuchchhanda, Kanakamuni y Kashyapa. El siguiente será Maitreya.

Budeidad. Iluminación. Nirvana superior.

Contemplación. Reflexionar sobre lo que ha sido aprendido. Precede a la meditación de emplazamiento.

Deidad (Skt. *Yidam*). El término "deidad" se utiliza principalmente para referirse a Budas y Bodhisatvas que se visualizan bajo forma divina durante la práctica tántrica. Representan un aspecto específico del estado Iluminado.

Dharma. Se refiere a las enseñanzas de Buda y a las realizaciones internas que se generan practicando estas enseñanzas.

Dharmakaya. El estado puro interno de los seres Iluminados, que tiene dos aspectos: sabiduría pura y la naturaleza última pura de la mente de un Ser Iluminado.

Deva. El más elevado de las seis clases de seres en el *samsara*.

Engaño. Cualquier emoción o concepción que altere y distorsione la consciencia.

Estado de Generación. La realización de un yoga creativo obtenido como resultado de una concentración pura que lleva los tres cuerpos al sendero (en los que uno mentalmente se genera como Deidad Tántrica y el medio ambiente como el *manda la* de la Deidad).

Estado de Consumación. Las realizaciones del Yoga Tantra Superior que son alcanzadas al completar un método especial que causa que los aires entren, permanezcan y se disuelvan dentro del canal central.

Existencia inherente. La aparente existencia de los fenómenos, independiente de partes, causas o del proceso de imputación conceptual. Lo que es negado por la vacuidad.

Existencia cíclica (Skt. *Samsara*). Es el ciclo de muerte y renacimiento descontrolado que es impulsado por la fuerza de los engaños y las acciones contaminadas. Es la base para experimentar sufrimiento.

Eón (Skt. *Kalpa*). Espacio de tiempo muy largo, intraducible en cifras.

Factor mental. Hay seis mentes primarias: consciencia visual, auditiva, olfativa, gustativa, corporal y mental. Estas mentes primarias conocen el aspecto general de su objeto. Los factores mentales son las funciones diferentes de la mente que conocen los aspectos particulares de su objeto. Aunque hay incontables factores mentales, se condensan en cincuenta y uno. Entre estos hay algunos de positivos como la fe, algunos de negativos como el odio, y otros de neutros como el sueño.

Guelugpa. El sistema de enseñanzas completas de Buda, tanto en Sutra como en Tantra, establecido por Lama Tsong Khapa en el siglo catorce. Guelug significa un sistema de práctica inmaculado y completo.

Gueshe. Originalmente uno que es cualificado como Guía Espiritual. En la tradición Guelug ahora se usa como título para quien ha dominado la filosofía y técnicas de meditación budistas.

Guru. Lama. Maestro espiritual.

Guru Raíz. El Guía Espiritual principal de quien hemos recibido Iniciaciones, instrucciones y Transmisiones Orales de nuestra práctica principal.

Hinayana. Vehículo espiritual para aquéllos que buscan la propia liberación del sufrimiento.

Ignorancia. Raíz de la existencia cíclica. Desconocimiento de la manera en que las cosas existen o de cual es su función.

Iluminación. Omnisciencia, Budeidad, Nirvana superior. Estado perfecto del ser. Estado Iluminado.

Impresión. Semilla kármica. Las tendencias positivas, negativas y neutrales depositadas en la mente por la fuerza de las acciones. Son comparadas a semillas que, en el futuro, madurarán en forma de felicidad o sufrimiento.

Ishvara. Un dios que mora en la Tierra en que se Controlan las Emanaciones de los Demás, el estado más elevado de existencia dentro de la existencia cíclica. Ishvara tiene poderes milagrosos limitados y contaminados que le hacen más poderoso que los demás seres del Reino del Deseo. Confiándonos a él podemos recibir beneficios temporales en esta vida, dinero, bienes, etc., pero el Ishvara iracundo es enemigo de aquéllos que desean la Liberación y por tanto interfiere en su progreso espiritual. Por ello se dice de él que es un tipo de demonio (Mara) Devaputra.

Liberación. Nirvana menor, estado de libertad personal completa del sufrimiento y sus causas.

Lam Rim. Etapas del Camino a la Iluminación. Enseñanzas orales y escritas que describen las diferentes etapas en el sendero a la Iluminación y los métodos para atravesarlas.

Luz Clara. Es de capital importancia en la práctica del Tantra y se refiere al nivel más sutil de nuestra mente. Se define como "la mente muy sutil que surge por la fuerza de la mente de la *oscuridad cercana al logro* y que se experimenta una vez esta mente ha cesado". Hay muchos niveles de Luz Clara, (Luz Clara del Significado, del Ejemplo. Madre, Hija, etc.)

Monte Meru. Según la cosmología budista, montaña gigante que se halla en el centro del Universo. Es considerablemente mayor que esta Tierra y el hogar de las dos clases de dioses inferiores del Reino del Deseo.

Mara. Demonio. Obstrucción personificada. Cualquier cosa que obstruya nuestro logo de la Liberación o Iluminación. Hay cuatro grandes obstáculos a estos dos logros y por tanto se dice que hay cuatro tipos de demonios: los demonios Devaputra, el demonio de la muerte, el de los engaños y el de los agregados contaminados. De todos ellos, sólo los demonios Devaputra son seres conscientes. El principal de ellos es Ishvara Iracundo. Un epíteto de Buda o Ser Iluminado es Conquistador porque ha conquistado estos cuatro demonios.

Mahayana. El vehículo mayor para aquéllos que buscan la Iluminación completa para beneficio de los demás.

Mantra. Un grupo de sílabas que expresan de manera condensada y simbólica las cualidades esenciales de una deidad.

Meditación. Proceso de familiarización profunda con estados mentales virtuosos.

Meditación Analítica. Examen conceptual constante del objeto de meditación. Precede a la meditación del emplazamiento en la que la mente, sin analizar, está enfocada absolutamente y sin distracción sobre el objeto de meditación.

Mérito. Es la buena fortuna que se crea a través del poder de las acciones virtuosas y que tiene el poder potencial de aumentar las buenas cualidades y producir felicidad.

Método y Sabiduría. El sendero espiritual hacia la Iluminación tiene dos aspectos: método y sabiduría. Método es la causa principal de que madure nuestro Linaje de Buda. Las prácticas de la gran compasión, el amor, la bodhichitta y las perfecciones de la generosidad, disciplina moral, paciencia, esfuerzo y estabilización mental constituyen las prácticas del método. La sabiduría es la causa principal de que nuestro Linaje de Buda se libere de los engaños y sus impresiones. Las prácticas para desarrollar una comprensión correcta de la naturaleza de las dos verdades, convencional y última, constituyen las prácticas de la sabiduría.

Naga. Es un ser del reino animal y, por lo general, no es visible a los humanos. Los nagas viven principalmente en los océanos, pero también habitan en la tierra, particularmente entre rocas y árboles. Son muy poderosos y pueden ayudar o dañar a los seres humanos. Causan muchas enfermedades, conocidas como las enfermedades de los nagas que la medicina convencional no puede combatir, sin embargo, pueden curarse a través de ciertos rituales.

Nirvana menor. Liberación personal del sufrimiento.

Reino del Deseo. Uno de los tres reinos de existencia cíclica mencionados en las escrituras budistas. Es el reino en donde los seres disfrutan los cinco objetos de los sentidos: forma, sonido, olor, tacto y gusto. Consta de seis reinos: el de los dioses, semidioses y humanos (los reinos superiores); y el de los animales, espíritus hambrientos y el de los infiernos (los reinos inferiores).

Reino de la Forma. Uno de los tres reinos de la existencia cíclica, más allá del reino del deseo. Los seres allí han renunciado al disfrute de los objetos sensoriales externos pero aún y así todavía tienen apego a la forma interna, es decir, su propio cuerpo y mente.

Reino de la No Forma. Este reino está incluso más allá del Reino del Deseo y de la Forma. Aquí los seres han renunciado incluso a la forma y existen sólo como corriente de consciencia. Aunque temporalmente han abandonado el apego a los placeres de la forma, su mente aún está esclavizada por el deseo y apego sutiles a los estados mentales y ego, por tanto están dentro del *samsara*.

Sutra. Enseñanzas del Buda que están basadas en los tres adiestramientos de moralidad, concentración, sabiduría y las seis Perfecciones.

Tierra Pura. Es un medio ambiente puro sin sufrimiento. Hay muchas Tierras Puras, Sukhavati es la de Amitabha y Thagpa Kacho la de Vajra Yoguini, etc.

Tantra. Mantra Secreto. Las enseñanzas más elevadas del Buda. Nos dirigen rápidamente a la Iluminación. Estas enseñanzas se distinguen de las de Sutra porque revelan métodos para adiestrar la mente a llevar el resultado futuro o Budeidad al sendero presente. *Mantra* indica que es una instrucción especial del Buda para proteger la mente de apariencias y concepciones ordinarias. Para superar las apariencias y concepciones ordinarias los practicantes de Mantra Secreto visualizan su cuerpo, disfrutes y actividades como las de un Buda. *Secreto* indica que las prácticas deben hacerse en privado y sólo los que han recibido una Iniciación Tántrica.

Torma. Un ofrecimiento especial de comida hecho según rituales de Sutra o de Tantra.

Pabongka (1878-1941). Un gran Lama tibetano de finales del siglo diecinueve y principios del veinte, además de emanación de Heruka. Era el sustentante de muchos linajes de Sutra y Mantra Secreto.

Tsong Khapa (1357-1419). Fundador de la escuela Guelug. Nació en Amdo, en lo que más tarde sería el monasterio de Kum Bum. Escribió más de doscientos textos, de los cuales, el más ampliamente estudiado es el Lam Rim Extenso.

Vacuidad (Skt. *Sunyata)*. Vacío. La mera ausencia de existencia inherente o intrínseca. La naturaleza última de los fenómenos.

Yidam. La deidad, que es un aspecto de la mente iluminada, con la que uno establece una relación personal en la práctica tántrica.

www.ingramcontent.com/pod-product-compliance
Lightning Source LLC
Chambersburg PA
CBHW071204130726
47998CB00002B/606